굿 비즈니스 현장 스토리

굿 비즈니스

현장 스토리

임팩트스퀘어

리디아알앤씨

네패스

제스파

디랩

인코칭

비하임

샘앤북스

와디즈

향기내는사람들

세진테크

GOOD BUSINESS STORY

우리는 성경적 경영을 너무 두려워하고 부담스러워 합니다. 사업을 하고 경영을 할 때는 항상 모험이 시작됩니다. 크고 작은 일들을 결단하고 추진해야할 중요한 책임이 주어집니다. 중요한 '때'(기회)를 선택해야 할 결단도 필요합니다. 무거운 책임이 주어질 때에 오히려 망설임의 두려움을 벗어버리고 지혜를 구하고 여유롭게 분별력을 간구하며 하나님께 의지할 수 있음이 축복입니다. 사업은, 경영은, 순간순간의 분별력으로 결단하고 결정하는 에너지가 유지되어야 성공합니다. 하나님의 축복 속에서 경영함이 성경적 경영입니다. 힘겨울 때 간구하고, 성공하고 성취할 때 감사와 찬송을 드리는 경영이 기독경영입니다.

〈굿 비즈니스 현장 스토리〉는 바로 비즈니스 세계 속에서 하나님의 마음에 합한 경영방식을 추구하는 기업과 기업가의 모습을 담고 있습니다. 또한 기독경영 원리를 실천하고 있는 여러 기업의 현장과 각 기업에서 실천하고 있는 기독경영의 구체적인 방법을 소개하고 있습니다.

성경적으로 기업을 운영하기 원하는 기업가와 예비 창업가, 그리고 일과 신앙을 일치시키고 싶은 모든 분들에게 일독을 권합니다. 〈굿 비즈니스 현장 스토리〉를 통해 많은 크리스천 기업인들이 크리스천 비즈니스의 소신을 지키며 위대한 일을 이루어내고 있는 현장 스토리에 힘을 얻고 함께 동참하기를 바랍니다. 또한 기독경영을 실천하며 기업세계 위에 하나님 나라 확장에 헌신하는 크리스천 기업과 기업가들이 많아지기를 기도합니다.

기독경영연구원 이사장
한국 장로신문사 발행인
한국CBMC 명예회장
한국장로 교육원 원장

박 래 창

이 책은 하나님 나라가 크리스천 기업을 통해 이 땅에 이루어지기를 소망하는 기독경영인들의 기업 경영 사례를 소개하는 책으로 독자들로 하여금 성경적 경영원리의 개념을 쉽게 이해하고 적용할 수 있도록 도와줍니다. 하나님의 경영원리라는 공통분모를 가진 11개 기업의 예를 보여주며, 이 땅에서도 아름다운 일터공동체가 뿌리 내릴 수 있다는 것과 행복한 기업을 세워가시는 하나님의 분명한 개입과 섭리가 존재함을 깨닫게 해 주는 책입니다. 이 책은 일터에서 참된 신앙인으로서 선한 영향력을 나타낼 수 있는 원리를 알려주는 것에 그치지 않고, 우리 안에 다시금 일터에서의 가슴 뛰는 벅찬 사명감을 새롭게 일깨워 줄 것입니다.

바라기는 기독 경영의 원리를 깨우친 크리스천들이 다양한 분야, 다양한 전공의 영역에서 서로가 연대하고 협력하며 기업 곧 하나님의 나라를 확장시켜나갈 수 있기를 소망합니다. 또한 이 책이 일터 적응을 위한 신앙인의 필수 지침서가 되고, 일터 속에서 예수님과의 구체적인 만남을 가능케하는 안내서가 되기를 원합니다. 세상이 아무리 빠르게 변하고 모든 환경이 불확실할지라도 이 책을 통해 독자들이 뱀처럼 지혜롭고 비둘기처럼 순결한 신앙인다운 원리와 방법을 깨닫게 될 것을 확신하며 이 책을 적극 추천합니다.

장로회신학대학교 총장

임 성 빈

'굿 비즈니스' 하면 사람들은 무엇을 떠올릴까. 이익을 많이 내고, 미래 전망이 밝으며, 보기에도 그럴듯해 보이는 사업이 일반적으로 말하는 '굿 비즈니스'일 것이다. 그러나 크리스천 기업가에게는 하나님의 뜻을 이땅에 이루며 세상에 선한 영향력을 끼치는 사업이 곧 '굿 비즈니스' 이다.

기독경영연구원에서 펴낸 〈굿 비즈니스 현장 스토리〉는 이 사회의 크리스천 기업가들이 기독경영 원리대로 기업을 경영하여 성공하고 있다는 확신을 갖게 하였다. 또한, 이 책은 하나님이 기뻐하시는 방법으로 기업을 경영하고자 하는 분들에게 구체적인 방법을 배울 수 있도록 다양한 산업 분야의 현장 사례를 다루고 있다는 점에서 큰 의미가 있다.

이런 점에서 "비즈니스 세계에 하나님의 나라가 임하게 한다"는 비전을 가진 한국CBMC(기독실업인회) 회원뿐만 아니라, 하나님이 맡기신 기업을 하나님의 방법대로 경영하고자 생각하는 모든 크리스천 기업인들에게 일독을 권한다.

(사)한국기독실업인회 중앙회장

이 대 식

좋은 경영은 하나님의 인격과 사랑의 높이, 깊이, 넓이 및 길이의 차원들이 온전히 발현되어 인류의 좋은 삶을 실현하는 경영입니다. 좋은 경영을 추구하는 기업들은 경영의 높이, 깊이, 넓이 및 길이 차원들을 만족시키려 노력하며, 이런 차원들이 충만하게 발현되도록 창조, 책임, 배려, 공의, 신뢰 및 안식의 원리를 다양한 방식으로 적용해 갑니다.

여기 실린 각 사례들은 각기 다른 모습으로 좋은 경영을 추구하였습니다. 어떤 기업은 경영을 궁극적 목적과 절대적 존재자와 연결시켜 경영의 높이를 추구하였고, 또 어떤 기업은 경영의 본래적 성격과 의미를 견지하고 경영다움을 살려내어 경영의 깊이를 더하였으며, 다른 기업은 이해관계자와 인격적 관계를 형성하기를 힘쓰며 경영의 넓이를 넓혔고, 또 다른 기업은 영원성을 의식하면서 지속가능성을 추구하여 경영의 길이를 늘렸습니다.

사례 기업들은 업종, 리더십 스타일, 전략적 방향성 등이 다양할 뿐만 아니라 좋은 경영을 추구하는 방식도 다양합니다. 그러나 이들 기업은 공통적으로 하나님 보시기에 좋은 경영을 추구하려고 부단히 노력하였고, 그 좋음이 작은 것이라 할지라도 그것을 소중히 여겨 부여잡고 습관 형성을 통해 내재화 혹은 체질화 시켜 마침내 그것들이 힘을 발휘하도록 집중하였습니다. 여기 우리 시대에 역사의 현장에서 좋은 경영을 구체적으로 추구해가는 경영자들과 그런 좋은 경영의 현상들이 있습니다.

이 사례들을 진지하게 관찰하고 성찰한다면 보이는 경영 현상 너머에 있는 보이지 않는 실재를 파악하여 좋은 경영의 본성과 의미를 깨달을 것입니다. 그 깨달음을 적용한다면, 경영을 통해 인류의 좋은 삶을 실현하고 기업 세계에서 하나님의 나라를 이루어가는 즐거움을 누릴 것입니다.

고려대 경영학과 교수
기독경영연구원 전임원장
한국인사조직학회장

배 종 석

기독경영연구원은 1996년에 창립하여 '경영에 하나님이 뜻이 이루어져 하나님의 이름이 영화롭게 하옵시고 기업세계에 하나님의 나라가 임하게 하옵소서' 라는 사명을 위하여 부단히 노력해 오고 있다. 기독경영의 원리에 관한 심도 있는 지속적인 연구의 결과물로서 2010년에 '기독경영 Just ABC'라는 서적을 출간하였다. 이 연구에서 몬스마의 8가지 기술평가를 위한 규범 원리로부터 5가지 기독경영원리, 즉 창조, 책임, 배려, 공의, 신뢰의 원리를 도출하였다. 이후 후속 연구를 통해 안식의 원리를 포함한 6가지 기독경영원리를 담아 '굿 비즈니스 플러스'를 출간하였다.

본서 〈굿 비즈니스 현장스토리〉는 기독경영원리에 기반하여 기업을 경영함으로써 하나님의 뜻을 이루어가는 11개 기업의 사례를 엄선하여 담았다. 집필진은 기독경영연구원의 연구위원을 중심으로 기독교 세계관에 투철한 기독경영학자들로 구성하였다. 저자들은 기독경영사례를 집필하기 위해 CEO를 인터뷰하고 임직원과 면담 기회를 가졌고, 사례기업의 비전, 경영철학, 경영목표, 경영 프로세스 등에 관한 충분한 자료를 수집하였다. 여기에 수록된 기독경영 사례기업은 상당한 기간 동안 소비자와 직원, 그리고 시장에서 검증되었고 사회에 선한 영향력을 미치고 있는 기업들이다.

와디즈는 크라우드펀딩 플랫폼 기업이다. 와디즈는 국내 최초 증권형 크라우드펀딩 라이선스를 획득하였다. 플랫폼의 주요 지표인 프로젝트 오픈건수는 매년 급속히 증가하고 있으며, 지난해 상반기에만 656억원을 모집해 전년 동기 대비 149%의 성장률을 기록하며 누적 펀딩액이 1,700억을 돌파하며 업계 1위로 자리매김하고 있다. 와디즈의 미션은 '올바른 생각이 신뢰를 바탕으로 성장하는 세상을 만든다'인데, '우리가 가지고 있는 올바른 생각이 드러날 수 있는 그런 비즈니스 모델을 만드는 것'이 비전이다. 와디즈의 인재상에 맞는 평가항목을 정교하게 구비하고 우선순위를 파악하여 내가 속한 조직보다 회사 전체가 필요한 것을 우선적으로 진행하도록 하는 팀워크를 강조한다. 고객과 파트너에게 긍정적인 기억을 남기는 것을 지향하고, 하위 항목 중 하나로 고객에게 최선을 다하고 진실한 정보를 제공함으로 고객에게 적정이윤을 제시하고 있다.

디랩은 교육과 이를 통한 창업가 경험 프로그램을 제공하며 새로운 교육 패러다임의 변화에 대비하는 코딩 교육 회사이다. '다가오는 미래에 대해서 학생들이 준비된 능력을 갖출 수 있도록 도움을 주는 것'을 비전으로 삼으며, 4차 산업혁명이 우리 사회에 가져올 변화에 대응할 능력을 함양하게 한다. 즉, 직업을 발명해야 하는 시대를 살아갈 아이들이 미래를 대비할 수 있도록 혁신가, 창업가로 자라갈 수 있는 교육서비스를 제공한다. 디랩 송영광 대표는 사실 창업을 생각했던 것이 아니라 경제 공동체를 생각하고 꿈꿔왔고 현실세계에서 경제와 신앙이 통합된 공동체를 보고 싶었다. 디랩의 사회적 책임의 부분은 시대에 맞는 교육 혁신이 가장 큰 사회적인 임팩트라고 보고 있다. 일례로 코딩을 배웠던 학생이 복지관에 가서 아이들을 가르치는 일을 지원해주고 처음에 같이 세팅해주는 일들도 생겨나면서 사회에 점차 그 영향력들도 확장시켜 나가고 있다.

네패스는 반도체 소재 회사로서 코스피에 상장된 중견기업이다. 종업원을 신뢰와 존중, 그리고 섬김의 대상으로 인식하고 긍정의 언어와 감사를 통해 생명 공동체의 기업문화를 조성하고 있다. 성경 말씀의 가르침에 근거한 감사경영을 경영철학의 핵심으로 삼고 있다. 감사경영을 통해 기업의 혁신성과 창의성을 제고하여 지속가능경영을 지향하고 있다. 감사경영의 가장 대표적인 실천 방법은 337라이프로서, 이 중 7가지의 감사 편지를 매일 쓰는 것은 사실 큰 도전이다. 감사 어플리케이션은 타기업들이 쉽게 응용하여 발전시킬 수 있으며 업계의 표준 경영 프로그램으로 자리매김할 수 있다. 네패스의 감사경영은 기독경영의 사례로서 의미가 있을 뿐만 아니라 경영 일반에도 확장 가능성 높은 경영이론으로 발전될 수 있다.

자동포장기 제조업체인 세진테크는 회사의 사명으로 세계로 진출하는 진취적인 기상과 향후 세계적인 기업을 목표로 하고 있다. 세진테크의 미션은 '포장분야를 선도하여 인류에 유익함을 주며 하나님이 기뻐하시는 일에 앞장서는 것'으로 정하였다. 비전은 '하나님의 영광과 기뻐하심을 지향하며 모든 경영과 의사결정을 진행하며, 선교적 사명을 감당하는 기업'으로 설정하고 있다. 고객에게 높은 기술력을 바탕으로 차별화된 제품개발로 최고의 품질과 최상의 가치를 제공하여 고객을 만족시키는 일을 실천하고 있다. 협력업체와의 믿을 만한 지속적 동반관계를 구축하고 이를 확장하고 심화하는 노력을 지속하고 있다. 선교적 사명의 수행을 위해 개척교회 및 농어촌교회의 선교사를 후원하고 기아대책 결연 아동의 정기적 후원과 사회 구제 사업을 추진해 오고 있다.

임팩트스퀘어는 사회적 가치를 창출하는 사회적 기업과 소셜벤처를 키우고 기업의 사회적 책임, 공유가치 창출과 관련된 컨설팅과 연구를 하는 기업이다. 국내 사회적 가치 평가 분야를 개척한 기업으로서 사회적 기업과 소셜벤처의 활성화와 성장을 위해서 사회적 가치 평가에 초점을 두었다. 임팩트스퀘어는 점차적으로 사회적 경제의 다른 분야로 사업 영역을 넓혀가고 있다. 기독 청년을 위한 영성과 비즈니스 훈련 센터인 심(SEAM)센터를 마련하여 기독 청년들이 사회적 기업가 정신을 바탕으로 비전을 키워갈 수 있도록 공간과 프로그램을 제공하고 있다. 개인 차원보다 조직 차원의 협업을 추구하며 소셜벤처 발전과 사회적 영향력에 기여하기 위해 성수동 소셜벤처 클러스터의 모태 역할을 감당하였다.

㈜향기내는사람들은 한동대학교 동문들이 기독교 가치관을 바탕으로 설립한 사회혁신기업으로서 핵심사업인 '히즈빈스'는 장애인 바리스타가 만드는 고급 커피전문점이다. 한 명의 장애인 바리스타에게 지역사회의 일곱 명의 지원자 그룹(정신과의사, 사회복지사 등)이 지지하는 '다각적 지지시스템'과 한 명의 장애인이 직업 전문가가 될 때까지 7단계로 반복 교육하는 '히즈빈스 아카데미'를 통해 대부분의 장애인 바리

스타들의 증상이 약화되고 치료의 효과까지 얻게 되었다. 회사의 과거 10년 무사고가 증명하는 장애인 관리 솔루션을 기업 및 공공기관을 대상으로 확장하여 장애인 의무고용을 위한 맞춤형 컨설팅을 제공하고 있다.

리디아알앤씨는 침구류와 의류를 생산, 판매하는 작지만 강한 중소기업이다. 회사의 모든 가족은 즐거운 분위기 속에서 서로 협력하고 소통하며, 협력사, 구성원들의 가족, 고객 등 연관된 모든 사람들의 행복을 최고의 가치로 삼고 있다. 채용 시에 지원자의 학력, 성별, 나이, 스펙을 보지 않는다. 기독교인은 특별히 우대하지도 않으며, 사내 기독교인 비율은 50%가 채 되지 않는다. 비기독교인이 입사하게 되면 전도의 기회로 선용하고 있다. 임미숙 대표는 모든 직원을 경영자로 생각하고 직급이 아닌 업무 중심의 수평적 문화를 적용하였다. 임 대표의 리더십은 리디아알앤씨 성공의 핵심 중 하나로서, 모든 업무에 솔선수범한다. 신실한 크리스천 경영자로서 일터 현장에서 참된 그리스도의 제자도를 지키며 성경적 경영을 실천하기 위해 노력하고 있다.

인코칭은 국내 코칭 산업을 이끌어온 한국 최초의 비즈니스 코칭 전문 기업이다. 홍의숙 대표는 우리나라의 코칭 산업의 선구자로서 지난 27년 동안 기업코칭이란 한 길만 걸어오면서 1년에 100군데가 넘는 기업에 리더십 코칭을 하고 있다. 국가기관 및 공기업으로부터 국내 유수 대기업, 중소기업, 글로벌 기업까지 1,500개 넘는 다양한 조직들이 인코칭의 코칭 프로그램을 통해 조직에 긍정적인 변화를 만들어 내고 있다. 현재 해외 30여 개 국가에 인코칭 교육을 해왔으며,

자체 개발한 한국형 코칭 컨텐츠를 수출하고 있다. 홍 대표는 2012년 교회 새벽기도의 설교 말씀 중에 독자적인 코칭 프로그램인 UDTS라는 한국형 코칭모델을 만들었다. 홍 대표를 만나는 사람마다 그의 밝은 미소와 긍정에너지에 공감하게 한다. 자신의 긍정에너지의 원천에 대해 홍 대표는 어떤 문제가 와도, 누가 뭐라고 해도 하나님 보시기에 합당하게 살면 된다는 담대한 마음을 갖고서부터 단순해진 것이라고 한다.

비하임은 의류 수출 회사로 기업명처럼 '비즈니스 세계에 하나님의 나라가 임하게 하자'라는 경영비전을 가지고 있다. 사람이 중심이 되는 따뜻한 회사, 성과에 맞게 국가와 사회에 기여하며 나누는 기업을 표방하고 있다. 주간 기도회에서 전 임직원의 영성을 함양하고 기부문화를 독려하고 있다. 대표 자신의 불우한 청소년 및 청년 시절을 밑거름으로 하여 안구 기증, 월드비전 아동 후원, 군부대 후원과 선교에 앞장서고 있다. OEM 방식으로 베트남과 과테말라에서 의류를 생산하여 미국 등의 수출시장과 내수시장을 확대해 가며 지난 5년간 연 50퍼센트의 성장세를 기록하였다. 곽영철 대표는 '비하임은 자신이 관리 책임자이지 소유자가 아니다'라는 신념으로 세상에 조금이라도 선한 영향력을 끼치고 본이 되는 경영에 대한 열망을 가지고 있다.

제스파는 건강·미용기기 제조기업으로서, 고객의 "건강한 아름다움"을 지켜드리기 위해 제품 연구 개발에 매진하고 있다. 안마기, 찜질기, 찜질팩, 의료용 압박스타킹, 보호대, 이미용기기 등에서 1000개 이상의 제품 모델을 보유하며 국내 시장을 선도하고 있다. 김태주 대표는 제스파를 출범시키면서 회사의 문화를 차별과 갑질이 없는 문화, 의사결정 이전에 자유로운 토론과 커뮤니케이션, 그리고 전폭적인 위임 등이 중심이 된 미래지향적인 기업문화로 정립해 나갔다. 제스파는 다양한 사회 공헌 활동을 통해 기업의 사회적 책임을 다하여 건강한 아름다움과 사회의 건강함을 추구하는 기업이 되고자 노력하고 있다. 중동선교와 신학생 장학금 등으로 후원하고, '사회복지법인 대한복지협회'를 통해 의자형 안마기 등 약 70종의 건강 제품들을 취약계층의 어르신들에게 기부하고 있다.

샘앤북스(구 지혜의샘)는 독자, 저자, 출판사가 모두 만족할 수 있는 책을 만들고, 거래처, 인쇄소와 제본소가 상생하는 것을 경영 철학으로 삼고 있는 출판사이다. 경영실무에서는 모든 거래를 은행계좌로 통일하고 매출계산서를 구비하여 투명경영을 실천하고 있다. 전문 편집자를 두고 최상의 인쇄지를 선정하고 인쇄용 잉크도 주문 제작하며 인쇄와 제본도 수시로 감리하여 높은 품질로서 열매를 맺도록 하고 있다. 직원채용은 자세, 전문성, 화합성을 기준으로 선발하여 입사 후 충분히 대화하고 근로계약서를 작성하고 야간 대학과 학원 등록금 등을 지원하기도 한다. '아름다운배움'이라는 단체를 후원하여 시골 중·고등학생들이 배움의 기회를 가질 수 있도록 하는 등 사회공헌 활동도 활발하게 하고 있다.

정리하면, 기독경영제도는 기독경영원리에 기초하여 경영목표, 경영전략, 비전, 핵심가치를 포함한다. 기독경영실무는 기독경영제도를 실행하는 구체적인 방안으로서 연구개발, 구매, 생산, 유통, 광고와 판매촉진, 영업, 인사, 재무 등을 성경적으로 실행함을 의미한다.

이상 11개의 기독경영사례는 6가지 기독경영원리를 기업현장에 적용하기 위해 부단히 노력하고 있는 기업들이다. 본서에 수록된 기독경영사례 기업의 임직원들이 '기업세계에 하나님의 나라가 임하게 하옵소서'라는 기독경영연구원의 사명을 경영현장에서 실천하려는 그 도전과 열정에 경의를 표한다.

본서가 출간되기까지 기독경영실천포럼의 노명진 회장의 아낌없는 후원과 지원에 감사의 말씀을 드린다.

CONTENTS

CONTENTS

CONTENTS

Good Business

펀딩은 와디즈로부터!

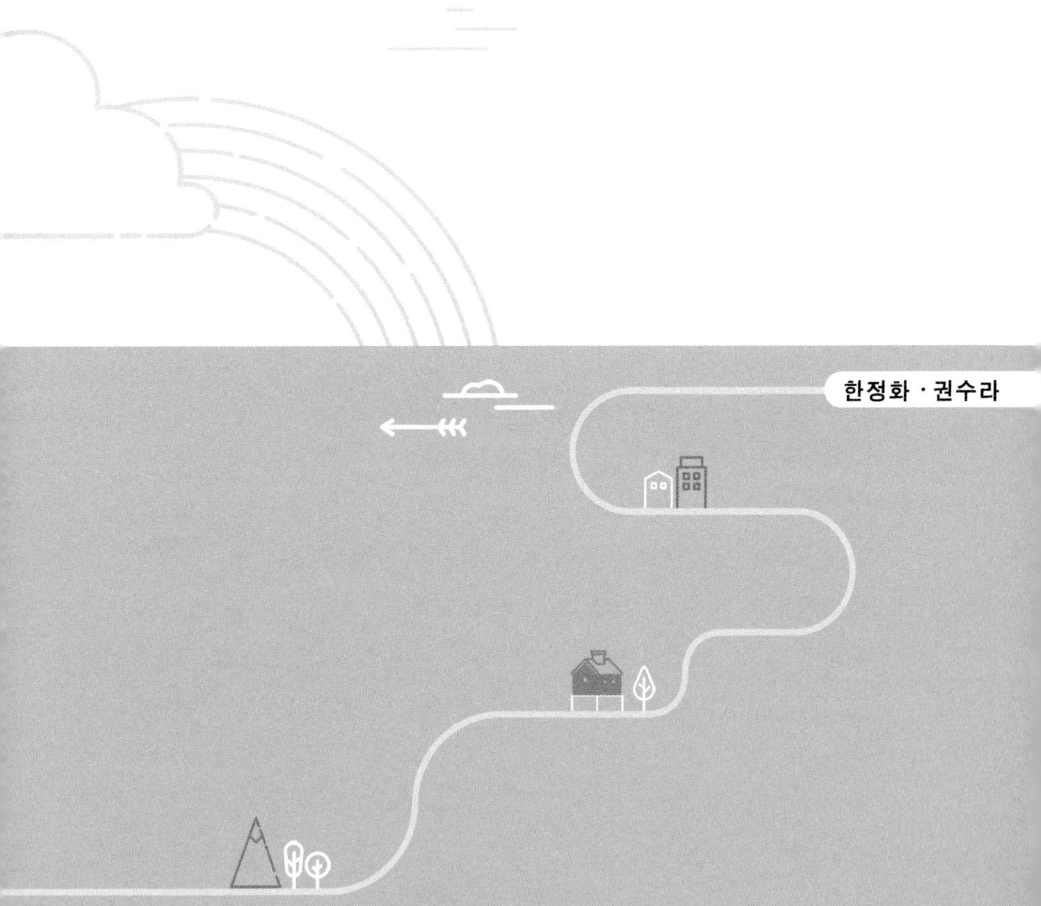
한정화 · 권수라

신혜성, 혜성같이 나타나 크라우드 펀딩을 시작하다

와디즈(Wadiz)는 2012년 5월 신혜성 대표에 의해 설립된 크라우드 펀딩 플랫폼 기업이다. 크라우드 펀딩은 군중(crowd)으로부터 자금조달(funding)을 받는다는 의미로, 자금이 필요한 개인, 단체, 기업이 웹이나 모바일 네트워크 등을 이용해 불특정 다수로부터 자금을 모으는 것을 말한다.

와디즈는 2016년 1월 국내 최초 증권형 크라우드 펀딩 라이선스를 획득하며 크라우드 펀딩 선두 업체로 불리고 있다. 이를 위해 와디즈는 창업 초기부터 증권형 크라우드 펀딩 해외자료를 정책 당국에 제시하고 교육을 진행하는 등 법안 통과를 위해 노력하였다. 또한 문화 콘텐츠, 식품, 여행, IT 등 카테고리를 확장하며 투자의 새로운 대체 시장을 키워왔다. 현재 와디즈는 크라우드 펀딩 중개뿐 아니라 다양한 사업 영역으로 확대해 나가며 스타트업을 위한 종합 지원 플랫폼을 지향하고 있다.

와디즈 플랫폼의 크라우드 펀딩은 리워드형과 투자형으로 구분된다. 리워드형 펀딩은 자금이 필요한 메이커(기업)가 펀딩을 통해 자금을 모집하여 제품 및 서비스를 제작하게 된다. 이렇게 리워드가 완성이 되면 펀딩에 참여한 서포터(투자자)들에게 제공하는 방식이다.

투자형 펀딩은 크라우드 펀딩 성공에 대한 보상으로 투자자에게 '주식이나 채권'을 발행하는 형태의 크라우드 펀딩으로 와디즈에서는 WPO, 즉 Wadiz Public Offering으로 소개하고 있다.

최근에는 단순히 크라우드 펀딩 플랫폼을 넘어서서 마케팅 및 수요 조사의 수단으로서 역할도 수행하고 있으며, 수요예측이 어려운 스타트업의 입장에서 재고 부담을 덜어주는 동시에 신제품 홍보 효과를 통해 성장의 기반을 마련해주는 중요한 역할을 수행하고 있다.

주요 프로그램

와디즈는 중개 플랫폼 역할 뿐 아니라 스타트업 생태계 구축을 위해 다양한 프로그램을 운영 중이다. 직접투자를 통한 기업의 가속 성장을 돕는 와디즈 PEF조성, 온라인에서 오프라인으로 소통과 유통판로를 확장하기 위해 와디즈 경험숍을 런칭할 예정이다.

메이커 지원 프로그램 MAP(Maker Aid Program): 메이커 지원 프로그램은 메이커(스타트업)가 기존 시장에 출시하지 않은 제품이나 서비스를 선보이는 경우가 많기 때문에 실제로 사업 과정 중 예상치 못한 여러 어려움에 직면할 수 있는 문제점을 보다 적극적으로 해결하기 위해 만든 프로그램이다. 펀딩 금액의 1%수준으로 펀드를 적립해 지분투자와 대출 등 메이커 필요에 따라 금전적, 비금전적 형태로 지원되는 형태이다.

와디즈 스쿨: 와디즈는 크라우드 펀딩 시장의 이해도를 높이기 위해 별도의 크라우드 펀딩 연구소를 운영하고 있으며, 사례분석과 연구를 통한 콘텐츠 제작과 매달 크라우드 펀딩에 관심을 가지고 있거나 도전하는 사람들을 위한 강의를 제공하고 있다.

와디즈의 주요 성과

최근 와디즈는 가파른 성장세를 보이고 있다. 플랫폼의 주요 지표인 프로젝트 시행 횟수는 매년 급속히 증가하고 있으며, 지난 7년간 10,000개의 크라우드 펀딩을 성사시켰다.

최근 3년간 프로젝트 시행 횟수를 살펴보면 781건(2016), 1,234건(2017), 3436건(2018)로 매년 50~100% 이상의 성장을 하고 있다. 2019년 들어 1월부터 7월까지 약 4,000건의 프로젝트가 시행되었으며 특히 지난 7월 한 달간 약 700개 이상의 프로젝트가 진행되었다.

펀딩 금액 또한 상승세를 보이고 있다. 올 상반기에만 656억원을 모집해 전년 동기 대비 149%의 성장률을 기록하며 누적 펀딩액이 1,700억을 돌파하며 업계 1위 자리로 메김하고 있다.

투자성과로는 2019년 5월 310억원 규모의 시리즈C 투자를 유치하였으며, 앞서 2017년 9월에는 110억 규모 시리즈B 투자를 유치한 바 있다.

주요 프로젝트 성공 사례

와디즈는 다양한 카테고리의 펀딩 프로젝트를 성공시키며 국내 크라우드 펀딩 대중화에 많은 기여를 했다. 특히 2016년 와디즈를 통해 펀딩을 진행했던 국내 일본 영화 '너의 이름은' 프로젝트는 영화 펀딩 사상 최고 수익률인 연 80%를 기록하며 성공사례로 평가받고 있다.

한때 고려대학교 앞 1,000원짜리 버거로 유명했던 '영철버거'가 경영 악화로 폐업 위기에 처하자 당시 고려대 학생들이 와디즈를 통해 '영철버거 살리기 운동'을 진행했는데, 이는 와디즈의 성격을 나타내는 대표적 사례이다.

이외에도 청와대 호프미팅의 만찬주로 채택되어 화제가 되었던 수제 맥주 제조기업 '세븐브로이'는 와디즈를 통해

2018년 5억8,000만원의 자금을 조달한 바 있으며, 디자이너가 제품 디자인을 제안하고 이용자들이 이를 추천하면 곧바로 제작에 착수하는 제조 유통 플랫폼 스타트업인 '샤플'은 초기 제품 제작을 위한 종잣돈을 마련하기 위해 500만원의 펀딩 목표 금액을 정했는데, 펀딩 6시간 만에 1억 원을 넘기는 성과를 거두었다. 제품의 디자인과 가격 경쟁력이 입소문을 타기 시작해 펀딩 마감일에는 목표 금액의 3만 342%인 15억 원의 자금을 모아 주변을 놀라게 했다.

무난한 평일에서 주님의 평일로

와디즈의 신혜성 대표는 한양대학교 경제학과를 수석으로 졸업하고 ROTC장교 생활을 한 후 첫 직장으로 현대자동차에 들어갔다. 대학에서 암기보다는 사고 중심의 학문인 경제학을 통해 어떤 것에 강점이 있는지를 알 수 있게 되었다.

졸업을 하고 현대자동차 입사 후 1년 동안 재미는 있었지만, '내가 제일 잘 할 수 있는 일이 아닌 것 같다'라는 생각을 지우지 못해 결국 퇴사를 했다. 이것은 그의 인생에서 매우 중요한 전환점이었다. 그 당시 많은 사람들이 들어가고 싶어하는 대기업을 그만둘 때 그의 생각은 '젊을 때 도전하지 않는다는 것은 어리석은 일이다'라는 것이었다.

퇴사 후에 모교 중앙도서관에 공부를 하러 갔다. 그러나 얼마 안 가 퇴사하며 가졌던 도전정신은 온데간데 없고 엄청난 불안감이 찾아왔다. 사람들이 뒤에서 수근거리는 것 같은 느낌을 받았다. 학교를 다닐 때만 하더라도 공부도 나름 잘했는데, 다시 도서관에 있으니 다른 사람들의 시선들이 부담스러웠다.

혼란 가운데 장교 시절 모아뒀던 돈으로 막연히 미국으로 건너가 시간을 보내고 돌아왔다. 그리고 우연한 기회로 한국으로 돌아와 증권사 애널리스트로 일을 하게 되었다. 당시에는 천직을 찾았다는 생각이 들 정도로 너무 재미있게 일을 했다. 그 결과 1년 만에 베스트 애널리스트에 들어갔고 자신의 능력에 대한 자신감도 생겼다.

그러다 우연한 기회로 국책은행인 산업은행으로 다시 이직하게 되었다. 산업은행 입사 당시 나이가 28살이었고 세 번째 직장을 얻게 된 과정이 의아해서 집과 회사를 오가며 기도와 말씀 생활에 집중하는 시간을 가졌다.

이 과정에서 신앙생활에 있어 두 번째 터닝포인트가 찾아왔다. 성경말씀을 읽던 중 예수님을 찾아온 부자 청년에 대해 생각해 보게 되었다. 왜 부자 청년에게 모든 것을 버리고 나를 따르라고 했을까? 그 비밀이 너무 알고 싶었고, 1년 정도 고민을 하던 중 전환점이 찾아왔다.

산업은행을 다니면서 좋은 사람들과 정말 재미있게 지냈고 조직 내에서 인정도 받았지만, 2008년을 기점으로 기독교의 몰락을 경험하면서 그 주제에 대해 답을 얻고자 했다. '이 시대에 예수님이 계시면 무엇을 하실까'라는 고민을 했다. 복음이 무시를 받는 이유가 결국에는 크리스천들이 주일을 위해 평일을 버렸기 때문이라는 생각을 하게 되었다. 예수님이 이 시대에 다시 오시면 '평일(weekdays)에 집중하시겠구나'라고 생각했다. 성경에서 배운 대로 일하는 회사가 필요하다는 생각을 하게 되었고, 그래서 창업을 해야겠다는 결심을 했다. 당시에는 결혼도 했고 아이도 태어나 고민하면서 기도했다. 그 과정에서 '정말 하나님께서 나에게 주신 마음이구나'라는 확신을 점차 가지게 되었다.

광야에서 우물을 찾는 것처럼!

와디즈가 크라우드 펀딩 비즈니스 모델을 만들 당시 이를 뒷받침 할 수 있는 법이 제정되지 않은 시기였다. 미국에서는 2012년 4월 신생기업 자금 조달을 용이하게 하기 위한 JOBS(Jumpstart Our Business Startup)법이 통과가 되었다. 닷컴 버블 붕괴와 엔론 사태 이후 강화된 기업공개(IPO) 절차와 규제를 신생 기업들에 한해 대폭 간소화하고, 소액투자자를 모을 수 있는 '크라우드 펀딩(crowd-funding)'을 허용했다.

당시 한국도 기재부에서 미국의 JOBS법과 같은 법을 만들겠다고 발표를 했다. 그래서 이 제도가 도입이 가능할 것 같다는 생각이 들었다. 제도가 명분이 있는 거라고 생각하며 JOBS법 이전에 리워드 크라우드 펀딩을 먼저 시작을 했다. 그래서 이 모델을 가지고도 충분히 비즈니스 모델이 될 수 있겠다는 생각을 했다.

이때만 해도 법적 근거가 없었지만, 리워드형은 전혀 문제가 없었다. 전자상거래법을 참고해서 거기에서 요구하는 것들을 지키고 통신 판매업 기준을 따라 운영을 하면 되었다. 금융업으로 보게 되면 돈을 받고 돈으로 돌려주는 유사 수신 행위가 되기 때문에 제재를 받게 되지만, 와디즈의 경우 물건으로 돌려주는 것으로 시작했기 때문에 돈을 받고 배송을 늦게 해주는 커머스 형태이고, 커머스는 훨씬 자유로운 환경이었다. 이렇게 시작을 해 꾸준히 대외활동을 해 나갔다.

처음 와디즈를 시작하면서 인큐베이션 전문업체인 르호봇 비즈니스 센터와 연이 닿아 사업 설명을 하게 되었고, 3개월 정도를 지원해 주겠다고 해서 역삼동에 있는 센터에서 사업을 시작할 수 있었다. 그 후 신 대표가 퇴사 후 판교에 있는 빌딩에서 5명으로 본격적인 시작을 했다. 처음에는 최동철 부사장과 함께 아는 후배들을 불러 시작했다. 하지만 결과적으로 아는 인맥들을 데리고 조직을 운영하는 것은 잘못된 판단이었음을 알게 되었다. 그동안 봐 온 모습과 회사에서의 모습은 완전히 달라서 그 이후에는 고용에 있어서 이러한 것이 원칙이 되었다.

와디즈에게 있어서 2014년 7월은 굉장히 큰 전환점이었다. 그때가 기존 재직하고 있던 경력직들이 거의 다 그만 두고 7월에 신규 인턴 7명을 채용하였다. 이 인턴들과 너무 재미있게 일을 하면서 매달 100% 성장을 만들었다. 지금 그 7명 중 3명이 와디즈에 남아있다. 이 멤버들이 와디즈 역사상으로는 전설과 같은 인물들이고 이 중 한 명은 지금 임원을 하고 있다.

신 대표는 이때를 기점으로 와디즈가 앞으로 어떤 정체성을 가져야 되는지 많은 생각을 했다.

"당시에는 전부 기독교인들로 구성되어 있어서 함께 예배를 드리고 성경적인 용어들을 많이 썼습니다. 실제로 하나님이라는 단어가 써 있었는데 그런 것들을 다 떼 버렸습니다. 그 이유는 얼마 되지 않는 인원들 가운데에서도 뒤에서 다른 얘기를 한다는 것을 알았기 때문입니다. 기독경영에 대한 컨셉이 제대로 인지가 안 되어 있는 상태에서 억지로 기독교를 내세우는 것은 오히려 부작용이 많을 수 있다는 생각을 하게 되었습니다. 오히려 비기독교인들과 성경의 가르침을 바탕으로 한 좋은 기업문화를 만들어 내는 것에 집중하는 것이 바람직하다고 여겼습니다."

창업초기 신 대표는 다른 스타트업들과 동일하게 초기 투자를 받으려고 열심히 돌아다녔다.

"와디즈 비즈니스 모델은 어떻게 보면 벤처캐피탈에 환영을 받지 못하는 비즈니스 모델이었습니다. 벤처캐피탈을 대체하는 시장에 속해 있었기 때문이죠. 초기 투자자가 만난 지 몇 개월 만에 투자를 하겠다고 해서 초기 필요한 자금을 제시했습니다.
비즈니스 모델에서 중요한 것이 마지막 상장까지 갈 때 얼마가 들어갈지 생각을 하고 계획을 해야 한다는 것입니다. 자금이 100억이 필요한 비즈니스와 1000억이 필요한 비즈니스는 굉장히 다른 비즈니스이기 때문에 소요되는 예산 계획이 다 다른데 창업자들은 대부분 이러한 부분을 잘 모릅니다."

신 대표는 이러한 자금계획에 관련된 일을 하던 사람이었기 때문에 처음 투자자를 만날 때부터 매우 세부적인 계획을 갖고 있었다. 초기 창업 멤버들은 직장 경력이 있었기 때문에 어느 정도의 초기 자본금을 가지고 시작했다. 하지만 점차 자금이 떨어져 갔고, 투자유치에 난항을 겪으면서, 다른 용역을 하면서 비즈니스를 운영해 나갔다.

그러던 중 2014년도 말에 핀테크 산업이 조성되는 기회를 맞이하였다. 벤처캐피털들도 이해도가 높아지면서 10억원의 초기 투자를 받게 되었다. 펀딩 금액 기준으로 2019년 현재 한 달에 150억 정도인데, 그 당시 한 달에 1억 정도 할 때였다. 비즈니스 모델이 정해진 뒤 첫 번째 성공적인 투자 유치를 하게 된 셈이었다. 와디즈는 시드에서 시리즈 C까지 총 4번의 투자 라운드가 진행되었다.

크라우드 펀딩법이 생기면서 제도적 기반이 갖추어지기 시작했다. 시드 투자를 제도화되기 전에 받았는데 초기 투자자들이 매우 중요하다고 생각한다. 시리즈 A를 2016년 1월 법이 시행될 때 받았는데, 그걸 보고 다른 투자자들이 참여하게 되었다. 지금까지 와디즈는 10억, 45억, 110억, 310억 4번에 걸쳐 투자를 받았다.

창업스쿨에서 창업의 실마리를 찾다

신 대표가 창업을 본격적으로 고민하면서 만난 곳이 크리스천을 위한 창업스쿨이다. 당시 크리스천 청년들을 위한 창업스쿨 1기가 시작되었고 그곳에서 처음 만났던 친구가 지금 최동철 부사장이다. 그를 만나게 되면서 창업의 다음 단계로 나아가게 되고 창업을 실질적으로 진행할 수 있게 되었다. 마지막 타이밍으로 결정할 수 있는 시기를 충분히 인지할 수 있도록 기도했다.

처음 창업 준비를 하고 있을 때 '어떤 회사를 만들어야 할까'라는 고민만 계속하며, 확실한 비즈니스 모델이 도무지 떠오르지 않았다. 그래서 '내가 과연 창업을 할 수 있을까' 라는 고민이 커져만 갔다.

창업스쿨은 토요일 아침 9시부터 6시까지 진행이 되었는데, 오리엔테이션 첫날 최동철 부사장을 만났을 때 왠지 모를 호감이 갔고 넉 달 정도를 기도했다. 그러고 나서 방학 때 같이 창업을 하자고 먼저 제안했다. 그날 이후부터 매주 평일 저녁에 두 번씩 만나 각자의 비즈니스 모델을 생각해 와서 서로 제안을 하면, 그것을 깊게 들어가 보는 과정을 함께 진행해 보았다.

당시 다양한 비즈니스 모델을 생각했는데 어떤 아이디어는 너무 좋다며 긍정적인 평가를 내기도 했다. 그러면 그것을 갖고 맨 처음으로 돌아와 어떤 제품을 선정하고, 어떤 품목을 정하고, 어떻게 구할 것이며, 어떤 파트너를 구할 것인가, 그리고 정말 하고 싶은가 하는 질문을 던졌다. 그랬더니 웬만한 아이디어는 내가 할 줄 모르거나 하기 싫은 아이디어들이었다.

수많은 아이디어를 생각하다 보니 트렌드에 대해 공부를 많이 하게 되었다. 특히 메가트렌드에 대해 연구하기 시작하면서 운이 좋게도 SNS 혁명이라는 메가트렌드가 다가오고 있음을 알게 되었다. 트위터나 페이스북이 비즈니스에는 영향을 미치지만, 산업에까지 영향을 미친다는 것은 미처 인식하지 못하고 있었다. 연결이라는 메가트렌드에서 '금융업에도 변화가 올 수 있겠구나'라는 판단이 들어 좀 더 깊이 있게 조사해 보았다. 이러한 유형의 비즈니스들이 벌써 현실화가 되고 있음을 알게 되어서 본격적으로 비즈니스 모델을 구체화하기 시작했다. 그 결과 창업스쿨 마지막 발표에서 준비했던 아이디어가 바로 지금의 와디즈가 된 것이다.

이러한 아이디어에 대해 구체적으로 정리하는 작업이 없었다면 흐지부지되었을 것이고, 지금의 와디즈가 탄생하지도 않았을 것이었다. 이후 과정을 마치고 나서 최동철 부사장과 계속 만나면서 창업을 진지하게 검토하는 과정이 있었다.

당시 재미있었던 에피소드로 크라우드 펀딩을 하겠다고 여기저기 이야기를 하고 다녔더니 북유럽 어느 나라로부터 연락이 왔다. 한국에 들어오는데 만나자고 하여 만나게 되었는데, 열심히 아이디어 설명을 하고 나니 내게 회사의 위치를 물어보는게 아닌가. 그래서 '이제 만들 것이다'라고 이야기를 했더니 엄청 당황하던 기억이 있다.

진정한 트러스트 캐피탈리스트가 되자

신혜성 대표는 '비즈니스란 도대체 뭘까', '왜 존재하는가' 하는 질문을 늘 달고 살았다. 이 비즈니스가 있음으로 인해 인류가 더 행복해지거나 더 나은 삶(better life)을 주지 못한다면 존재의 이유가 없다는 생각을 하게 되었다. 신 대표는 와디즈라는 비즈니스를 왜 만들고 크라우드 펀딩이라는 비즈니스를 왜 하는지, 그리고 우리가 하기에 적합한지에 대해 끊임없이 고민했다. 금융시장의 문제점에 대해 고민하고 이를 해결하는 방법에 대해 생각했다.

와디즈의 미션은 '올바른 생각이 신뢰를 바탕으로 성장하는 세상을 만든다'이다. 그렇다면 금융의 역할은 무엇일까? 올바른 생각을 가진 사람들에게 성장할 수 있도록 돈을 줘야 하는게 금융의 역할일 텐데 실제로 그런 역할을 하는가? 그렇지 않다고 생각했다.

와디즈가 존재함으로 인해서 '우리가 가지고 있는 올바른 생각이 드러날 수 있는 그런 비즈니스 모델을 만들자'라는 것이 비전이었다. 그것을 와디즈는 '신뢰'라는 것으로 표현했다. 남들이 다 할 수 있는 비즈니스가 아닌 남들이 안 하려고 하지만, 실제로 필요한 비즈니스를 하는 것이 맞다고 생각했다. 그래서 '올바른 생각을 가진 사람들이 잘 될 수 있는 금융 서비스를 만들자'라는 목적으로 시작했다. 이 모든 생각의 결론으로 와디즈의 비전이 만들어졌다.

'신뢰를 바탕으로 활동하는 Trust Capitalist가 되자'

Trust Capital의 정의는 눈에 보이지 않는 신뢰 자본으로서 재무제표의 무형 자산보다 중요하다. 신뢰자본을 끄집어내어 시각화할 수 있다면 큰 가치가 될 수 있겠다 생각했다.

와디즈는 회사의 미션만큼이나 운영 방식을 중요하게 정의하고 있다. 일하는 원칙 중 첫 번째 원칙이 '우리는 옳은 일을 한다'이다. 옳은 일에 대한 생각은 각기 다르다. 그렇기 때문에 회사가 선언하는 옳은 일을 정의해 놓았다. 그 첫 번째가 사회를 어지럽히는 비즈니스를 하지 않겠다는 것이다. 아무리 이익이 되는 일이라고 해도 내 자녀들에게 제공하고 싶은 일이 아니라면 하지 않겠다는 선언이었다.

그렇다면 우리는 사회의 긍정적인 것만 할 것인가? 꼭 그렇지만은 않다. 사회를 어지럽히는 일은 하지 않지만 중립적인(neutral) 일들은 많이 할 것이라고 선언했다. 여기에 대해서도 초반에 공격이 많았다. 와디즈가 사회적 문제에 진짜 관심이 있는 것인지 모르겠다는 이야기도 들었다. 신 대표는 이 부분을 강조했다.

"와디즈는 올바른 생각을 가진 사람들이 가장 빛날 수 있는 플랫폼이 될 수 있는 것이 목표입니다. 조연이 있어야 주연이 빛날 수 있습니다. 어느 한쪽에 치우치지 않고 올바른 생각으로 사업을 하는 사람들이 드러날 수 있는 공간을 만드는 것이 핵심입니다."

신 대표는 와디즈의 인사 정책에 대해서도 강조했다.

"와디즈가 정의하고 있는 올바른 인사는 '무임승차자를 인정하지 않겠다'라는 것입니다. 일반적으로 조직에서 80:20법칙이라는 것이 있는데, 80:20법칙은 인정을 하는 조직에서는 80을 등에 업고 가면 당연히 보상을 받는다는 내용입니다. 이는 없어져야 할 법칙이라고 생각합니다. 모두가 똑같을 수는 없겠지만, 회사는 최고의 인재들, 그리고 우리의 인재상에 맞는 사람들을 채용하고 배치하기 위해 최선을 다하고 있습니다."

회사에서 경영진이 무임승차를 인정할 때 올바른 팀워크가 형성되기 어렵다. 불공정한 대우를 받고 보상이 올바르지 못한다고 느끼게 된다. 그래서 내부에서 와디즈의 인재상에 맞는 평가항목을 정교하게 구비하려 노력하고 있다. 예를 들면, 완벽한 제품이 아니라 빠르게 테스트해 시장성 있는 제품을 만들어가는 방식에 대한 부분부터, 마감일을 정하고 시간을 준수하기 위해 노력한다는 아주 사소한 것까지 정의하고 있다. 두 번째 원칙인 급변의 물살을 즐기며 앞서 나간다는 부분에 해당된다고 할 수 있다.

세 번째 원칙은 '우리는 팀원간의 필요를 채워줍니다'이다. 우선순위를 파악하여 내가 속한 조직보다 회사 전체가 필요한 것을 우선적으로 진행하며, 책임소재가 명확하지 않은 일을 적극적으로 맡아 처리하는 등 팀 우선, 팀 정신을 강조하고 있다. 매달 내부 칭찬 릴레이 형식으로 세 번째 원칙에 적합하게 일한 사람을 선정하면서, 개인주의에 매몰되지 않고 모두가 같은 방향을 바라보는 회사가 되도록 노력하고 있다.

네 번째가 고객과 파트너에게 긍정적인 기억을 남기는 것이다. 하위 항목 중 하나로 '고객에게 적정이윤을 책정한다'라는 것이 있다. 고객과 만나는 것뿐만 아니라 헤어짐을 더 중요하게 여긴다. 우리가 얼마나 진정성 있게 대하고 최선을 다하고 있는지 오픈하고 갖고 있는 정보도 최대한 공개한다.

다섯 번째가 '재무적 이익을 추구한다' 이다. 모든 계약을 할 때는 회사에 발생할 수 있는 리스크를 다 검토하고 진행한다. 그래서 마지막 문구로 '우리는 올바른 일을 올바르게 할 때 최고의 성과를 거둘 수 있을 것이라 믿는다' 라고 적어놓은 것을 알 수 있다. 만약 이게 안 믿어지면 하차를 하라고 한다. 이것을 입사 때부터 가장 신경을 써서 내부에 인식하게끔 노력하고 있다.

얼마 전 회사 내부 인테리어를 하며 문구 디자인을 하게 되었다.

'아무도 보는 이가 없을 때 우리는 올바른 일을 한다.
그게 진정성이다.'

직원들은 우리의 아이덴티티와 잘 맞는다며 긍정적인 반응이었지만, 막상 사용하려고 하다 보니 부담이 없을 수는 없었다는 후문이다.

성장통을 리빌딩으로 극복하다

신 대표는 조직의 성장통에 대해서 다음과 같이 말했다.

> "창업 기업에 있어서 성장통은 무조건 온다고 봐야 합니다. 성장을 하니까 겪게 되는 것인데, 결국 사람에서 오는 것이라고 볼 수 있습니다. 제일 큰 도전 과제가 너무 빨리 성장하기 때문입니다. 현재 160명인데 올해 채용한 인원이 70명이고 하반기 채용 계획이 100명입니다. 단지 인원이 늘어나는 것을 떠나 역할이 달라지게 됩니다."

> "기업이 성장하면서 비즈니스적으로 힘든 것은 당연한 것이지만, 조직의 리더로서 또 한 인간으로서 사람을 어떻게 대해야 하는가에 대한 혼란이 계속 오는 것 같습니다. 그 과정에서 리더십의 역할이 지속성을 가져가야 하는데, 그 지속성을 나에게 주안점을 둘 것인가, 아니면 팀에 대해 주안점을 둘 것인가에 대한 측면에서 팀 전체의 이익이 되는 방향으로 의사결정을 했고, 그 과정에서 소중했던 사람들이 종종 떠나가고 했던 것이 가장 큰 성장통이었던 것 같습니다."

신 대표에게 또 어려웠던 점은 실무를 놓는 것이었다. 본인이 제일 잘하고 빠르게 할 수 있는데, 실무에서 손을 떼고 노트북을 놓는 것이 매우 힘들었다고 한다. 결국 미덥지가 않아서 위임을 잘하지 못하는 것이 첫 번째 고민되는 상황이었다. 위임을 하거나 시스템화해야 하는 것들에 대한 고민이 계속

되었다.

2018년도에만 해도 성과평가를 진행했을 때 그 이전 연도에 만들어 놓은 평가표로 해보니 적용되지 않는 부분이 많았다. 그렇다면 결국에는 1대1로 붙어 개별적인 케어가 다 들어가야 하는데, 결국 리더십 자원이 많이 필요할 수밖에 없었다. 그래서 와디즈가 선택한 방법은 채용에 모든 것들을 거는 것이었다. 신 대표는 이 점에 대해 강조해서 말했다.

> "규모가 작은 창업기업에서 채용이 잘못된 다음에 교육 훈련이 들어가는 것은 답이 안 나오고, 그렇게 채용부터 실패하면 모든 것들이 수포로 돌아간다는 생각을 했어요. 그렇기 때문에 채용을 굉장히 보수적으로 진행했습니다. 그래서 와디즈가 원하는 사람을 머리에 그려놓고 그 사람이 올 때까지 안 뽑는다는 방식으로 진행했죠. 그래서 최종면접이 굉장히 까다롭고 웬만하면 떨어진다 해서 여기저기서 볼멘 소리들이 많았습니다."

최근 신 대표가 집중하고 있는 부분은 리더십부터 인재상을 내재화는 것이다. 전체 시스템화 하는 것을 후순위로 두고 상위레벨에서부터 시스템화 하는 것들을 시작으로 문서화되고, 그것이 면접이나 채용에 대한 가이드로 이어지게끔 하는 것으로, 인사의 앞단계에서부터 잘 거르는 방식을 가져가는 것이다.

현재 와디즈의 가장 중요한 이슈는 신규 입사자와 기존 입사자의 융화를 시키는 과제이다. 그나마 성공적이라 생각하는 것이 핵심인재 관리이고, 임원들에게 각 조직에 S부터 B까지 역량이 아니라, 핵심가치 몰입도라는 측면에서 계속 스코어링을 하고 있는 중이다.

S는 핵심가치를 전파할 수 있는 사람, A는 핵심가치가 내재화되어 있어 긍정적인 영향을 주는 사람, 그리고 B는 중립적인(neutral) 사람 이렇게 구분해 두었다. 채용을 했는데 만약 C라면 채용에 실패한 것이고 결국 리더들에게는 S를 만드는 것이 목표이다. 새로운 리더에게 A와 S에게 집중하라, 그리고 B를 A로 올리는 것에 집중하라고 강조한다.

조직 몰입도라고 평가하는 것은 작은 요인들로 하여금 이직을 할 요소가 적은 사람, 즉 100만원 200만원 연봉을 더 준다고 해서 이직을 고려하지 않는 사람들을 조직 몰입도로 보고, 이 사람들에게는 최대한 많은 권한을 집중해서 주고 있다. 전체를 다 케어하지 못하니 집중할 대상들을 정해서 관리하고 있는 것이다. 리더들에게는 우리의 핵심가치가 어떻게 만들어졌고 계속 언급하면서 스킨십을 많이 가져가려고 노력하고 있다.

채용이 가장 높은 수준의 KPI이다. 어떻게 보면 학교나 사회적으로 봤을 때, 능력이 좋은 사람들은 보상도 좋고 안정성도 좋은 곳을 지향할 수밖에 없는 상황이다. 미션을 실행하기 위해서 이것이야말로 가장 큰 도전이다. 여기에는 두 가지 포인트가 있다. 하나는 신규 입사자로 젊은 친구들을 많이 채용을 했다. 요즘 밀레니얼 세대들이 의미를 더 중요하게 생각하고 하는 것들이 와디즈의 비즈니스 미션 자체와 굉장히 잘 맞는다고 한다.

신 대표는 팀빌딩에 대해 자신의 경험을 말했다.

"동업과 팀창업은 다릅니다. 창업자들에게 꼭 하는 이야기가 명확한 역할을 정하라는 것입니다. 명확한 역할 분담이 없으면 팀이 산으로 갈 수밖에 없습니다. 동업은 일반적으로 지분으로 결정되는 공동 대표 체제로 보며, 그래서 명확하게 누가 리더와 팔로워 역할을 하고, 의사결정은 누가하고, 이런 것들이 결국 주식회사는 지분으로 결정되는 것 같습니다. 역할 간 존재의 이유에 대해 들어야 하는 것이 주주간 계약으로 봅니다. 그래서 와디즈는 주주간 계약을 엄격하게 맺었습니다."

이 점에 있어서 신 대표는 다시 한 번 강조해서 말했다.

"어떤 때에는 사랑이라는 모호함이 계약관계가 명확한 비즈니스 관계에서는 안에 있는 마음을 감추고 있어 문제가 많을 수 있습니다. 겉으로 사랑이라 말하는 표현이 안에 있는 진짜 마음을 감추고 있는 경우가 많아 문제가 발생했을 때, 서로 다른 생각을 하고 있었다는 것을 많이 경험했습니다. 그래서 와디즈 내부적으로 좋은 크리스천이 많지만, 이러한 문제들을 잘 못 말하면 관계가 애매하게 됩니다. 오히려 우리가 추구하는 핵심 덕목을 갖추고 있는 사람이 더 중요하다고 생각합니다."

스타트업 기업에게 세 개의 주머니를!

와디즈는 초기 리워드형에서 사업을 시작하여 투자형까지 확대하는 전략을 통해 기업의 성장을 도모해왔다. 이는 와디즈가 국내 1위 크라우드 펀딩 플랫폼으로서 입지를 굳히는 데 크게 기여했다.

와디즈의 경우 리워드형과 투자형 크라우드 펀딩 사업들 사이에 범위의 경제가 실현될 수 있고, 특히 투자형 펀딩은 리워드형 펀딩에 비해 펀딩 금액이 매우 크기 때문에 향후 사업성이 있다고 본 것이다. 실제로 와디즈의 주요 경쟁업체인 텀블벅도 리워드형 펀딩만 사업 분야로 하고 있는 것으로 보아 이러한 와디즈의 판단은 앞으로 와디즈의 무궁무진한 성장 가능성을 예측할 수 있는 부분이라고 보여진다.

또한 와디즈는 일본과 미국 크라우드 펀딩 업체와의 파트너십을 통해 우리나라 기업의 글로벌 진출을 지원하고 있다. 실제로 와디즈는 지금까지 펀딩에 성공한 제품 중 몇 개를 추려 일본 현지 크라우드 펀딩 플랫폼 '마쿠아케(マクアケ)'에 등록하기 위한 작업에 착수했다. 한국 제품을 일본에 선보이거나 역으로 일본 제품을 와디즈를 통해 선보이는 것도 동시에 진행하고 있다.

그리고 글로벌 1등 크라우드 펀딩 플랫폼 '인디고고(indiegogo)'와 손잡고 와디즈 펀딩 성공 프로젝트의 미국 시장 진출을 모색하고 있으며, 투자형 부분에서는 싱가포르 현지 플랫폼과 협력을 모색하고 있다.

스타트업에게 성장의 발판을 마련해주는 플랫폼인 와디즈가 전달하고자 하는 가치는 크게 세 가지로 분류할 수 있다. 자금 조달, 홍보 효과, 그리고 사업 확장이다. 와디즈에서 펀딩에 성공하면 기본적으로 자금 조달뿐만 아니라 사업성을 검증하고, SNS를 통해 홍보 효과를 누리고, 고객의 반응을 미리 살펴볼 수 있다.

펀딩이 끝난 이후에도 추가적인 투자를 유치하며, 와디즈를 계기로 사업 확장에 속도를 낼 수 있다는 것이 스타트업 기업들에게는 매우 큰 매력이라고 볼 수 있다.

와디즈는 오늘날 가치를 중요시하는 소비자들의 필요를 충족시키기 위해 분야를 가리지 않고 펀딩 종목의 범위를 확대하고 영역을 세분화하는 등 지배적인 크라우드 펀딩 플랫폼으로 성장하기 위해 노력해왔다. 이를 바탕으로 소비자들은 리워드형 및 투자형 크라우드 펀딩에 참여할 때 투자할 만한 가치가 있는 것과 동시에 자신이 공감할 수 있는 창의적인 프로젝트에 투자하려는 경향을 보인다.

이처럼 와디즈는 차별화된 전략을 바탕으로 높은 브랜드 이미지를 구축하는 데 성공하였다고 볼 수 있겠다.

와디즈의 성패는 바로 신뢰!

신 대표는 본인이 돌아보니 본인 스스로 회복 탄력성이 높다는 것을 창업을 하고 나서 알았다고 한다. 하지만 회복 탄력성이 높다는 것일 뿐이지, 스트레스 지수는 극에 달아 있다고 말한다. 그만큼 창업 후 지속해서 기업을 성장시켜 나간다는 것은 쉬운 일이 아니다. 다행히도 신 대표가 이런 힘든 시간을 잘 버텨낼 수 있었던 것은 피어그룹을 만나게 된 것이 큰 도움이 되었고, 힘들었을 때 단계마다 좋은 스승을 만난 것이 도움이 되었다. 예전 친구들을 만나도 공감대 형성이 안 되고 기쁨이 없으며, 스트레스의 탈출구가 없었는데, 반면에 성경적 기업을 만들기 위해 노력하는 사업가 중심의 피어그룹을 만나게 되면서 지혜를 얻거나 많은 힘이 되었다.

피어그룹을 만나면서 한국에서 사업을 하는 사람들이 비즈니스맨으로서 비즈니스 미션을 어떻게 실행해 나가는지를 함께 공유했다. 다양한 위치에 있는 사람들로 구성되어 소속감을 가지게 되면서 작게라도 경험을 쌓아가면서 전달하는 역할을 1년에 한 번 정도 하자는 제안이 있었다. 회사 내에서 할 수 없는 이야기들이 많다. 탑 리더가 힘들다는 이야기도 섣불리 할 수 없다. 리더가 흔들리는 모습을 보이게 되면 조직 전체가 흔들리기 때문이다. 늘 참고 살아야 하고 고통을 안고 살아가야 한다. 이러한 면에서 피어그룹은 쿠션과 같은 완충재가 되어주었다.

앞으로의 와디즈의 미래를 보려면 크라우드 펀딩 산업을 들여다봐야 한다. 크라우드 펀딩 산업 도입기의 핵심 성공 요인으로는 '기업의 인지도'와 '피투자자 및 투자자 모집'이라고 할 수 있다. 와디즈는 이에 맞추어 전략을 수립하였는데, 크라우드 산업 연구소 설립과 와디즈 스쿨이다. 이를 통해 크라우드 펀딩 자체에 대한 인지도와 와디즈라는 기업에 대한 인지도를 높였으며, 예비 투자자 · 피투자자들이 크라우드 펀딩에 쉽게 진입할 수 있도록 하였다. 와디즈 지지 서명과 포인트 지급 정책, 다양한 기업들과의 파트너십 또한 와디즈의 인지도 상승과 피투자자와 투자자들을 모으는 데에 기여했다. 이러한 전략을 통해 와디즈는 국내 1위 크라우드 펀딩 플랫폼이 될 수 있었다

하지만, 시장의 규모가 어느 정도 커진 성장기에서 핵심 성공 요인이 '신뢰도 형성'으로 바뀌었다고 판단되며, 실제로 크라우드 펀딩 자체에 대한 불신과 의심이 소비자 사이에 만연하고 있었다. 와디즈 역시 이러한 문제점을 가지고 있었는데, '진물 안경 사건'이 대표적인 사례이다. 2018 년 말, 와디즈에서 중개한 안경이 피부염과 진물을 유발한 사건이 발생했던 사건이다.

변화한 핵심 성공 요인에 대응함과 동시에 와디즈의 미션인 '올바른 생각이 신뢰를 바탕으로 성장하는 세상을 만들고자 합니다.' 를 지키기 위해서는 와디즈가 시장 선도기업으로서 지속적으로 경쟁우위를 창출하고 유지해야 하며, 사회적 가치를 창출하기 위한 노력도 끊임없이 해야 할 것으로 보인다.

Good Business

패러다임의 변화에 혁신으로 답하는 기업 디랩

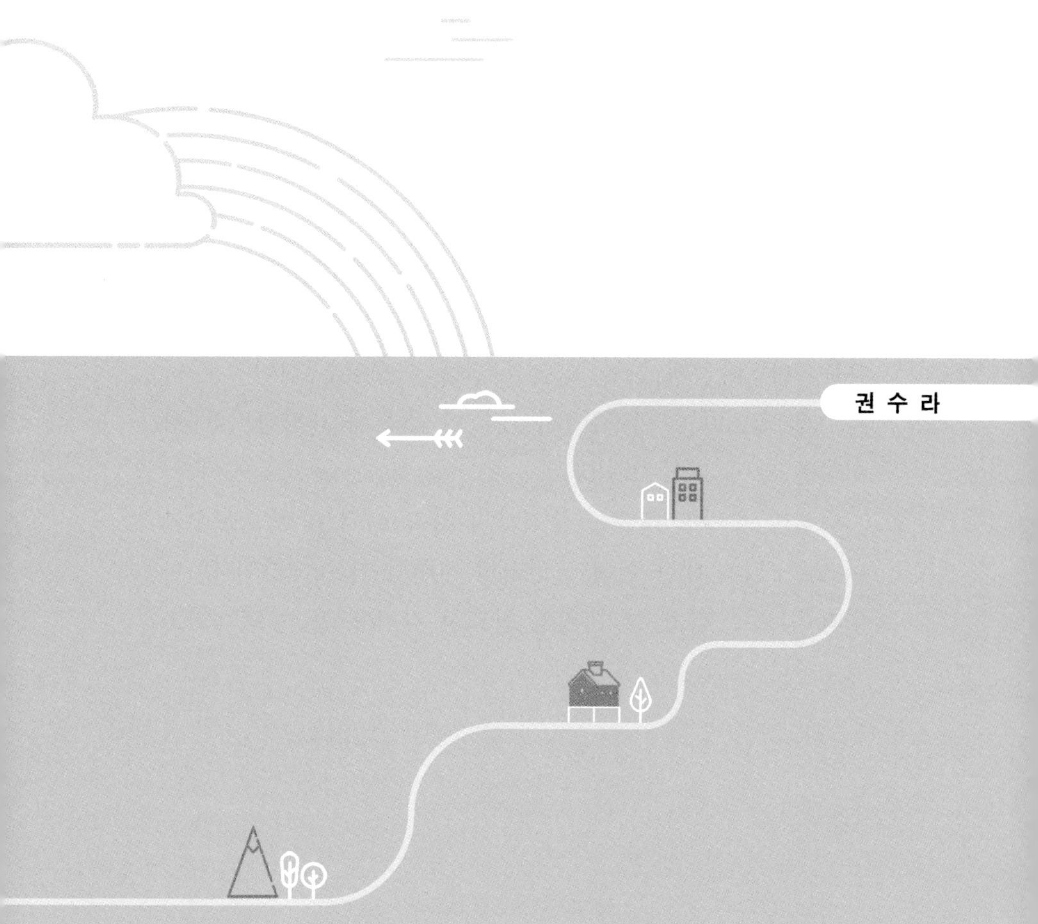

패러다임의 변화에 대비하는 기업 디랩

미래를 준비하기 위해서는 어떤 능력을 갖추어야 할까? 이는 미래를 준비하는 청년들뿐만 아니라 자녀를 키우는 부모님들도 가장 궁금해하는 질문이며, 해답을 찾고 싶어 하는 부분이다. 아침에 눈을 뜨면 바뀌는 기술의 혁신이 너무나 빠르게 일어나는 이러한 시대에 이 질문에 대답하기란 참 어려운 일이 되어 버렸다.

디랩의 송영광 대표는 주저하지 않고 이에 대해 소프트웨어 및 코딩에 대한 이해가 인터넷 시대의 기본 교양일 뿐 아니라 앞으로 먹고 살기 위해 반드시 갖춰야 할 '능력'이라고 강조한다.

"사물인터넷 시대가 열리고 기존 산업과 인터넷 서비스가 계속 융합하고 있어요. 이제 누구나 생산자가 될 수 있기 때문에 직장을 구하는 게 아니라 직업을 발명하는 시대가 곧 온다는 말도 있습니다. 프로그램을 직접 만들 순 없어도, 이미 있는 것을 자신의 필요에 맞게 최적화할 줄 알아야 합니다."

이러한 철학을 가지고 2014년에 출발한 '디랩'은 소프트웨어를 통해 아이들이 창업을 체험해 볼 수 있도록 돕는 교육 스타트업이다. 딸에게 어떻게 하면 재미있게 프로그래밍을 가르칠 수 있을까 고민하다 창업을 했다는 송 대표는 모토로라, 삼성전자 휴대전화 사업부에서 일한 정보통신업계 베테랑이다. 창업 열풍 시대에 아이들이 어려운 프로그래밍을 배워, 제품을 제작하고 창업까지 할 수 있도록 돕는 교육을 실제로 구현하고 있다.

"디랩을 창업한 2014년에는 미국으로 유학을 거거나 아빠가 IT 회사에 다니는 일부 가정의 아이들이 주로 코딩을 배웠어요. 그러다 2016년 이세돌 9단과 알파고의 바둑 대결이 있은 후 관심이 폭발했죠. 알파고 이후 엄마들의 관심이 크게 늘었고 그 결과 일반 가정의 아이들 수강이 급증했어요.
현재 코딩 교육을 받는 아이들의 70%가 입시 목적이지만, 입시 외에도 아이가 미래 사회를 살아가는 데 코딩은 꼭 필요한 능력이라고 생각하는 분들이 많아요. 어느 영역에서 일하든 소프트웨어 역량이 기본 소양이 될 거라는 공감대가 있어요."

코딩이란 '컴퓨터 프로그래밍의 다른 말로, C언어, 자바, 파이썬 등 컴퓨터 언어로 프로그램을 만드는 것'을 의미한다. 코딩은 다양한 분야에서 활용되고 있다.

먼저 Airbnb, Uber, Google, Amazon, Facebook 등 세계적으로 영향력 있는 기업들은 대부분 소프트웨어 기업들로 코딩을 활용하여 운영하고 있다. 또한 프로그래밍과는 직접적 연관이 없어 보이는 통계학이나 건축학 분야에서도 코딩이 이용되고 있다.

통계학에서는 통계 데이터 처리를 위해 코딩을 활용하고 있으며, 건축학에서는 재난 상황에 대비하여 코딩을 활용해 시뮬레이션을 하고 있다.

코딩은 우리 일상과도 밀접하게 연관되어 있는데 그 예로 엘리베이터, 자판기를 들 수 있다. 원하는 층, 음료의 해당 버튼을 누르면 그 결과가 도출되는 것 모두 코딩이 활용된 사례이다.

코딩을 함으로써 얻게 되는 이점은 이뿐만이 아니다. 이용자들은 알고리즘을 작성하는 과정에서 논리적 사고력, 문제 분석 능력과 창의력을 향상시킬 수 있다.

기본적으로 코딩 교육은 개별 학습, 모둠 학습, 전체 학습, 플립 러닝 형태로 이루어진다. 개별 학습이란 코딩의 개념을 개별 진도에 따라 학습하는 형태이며, 모둠 학습은 함께 문제 상황에 대해 이야기하는 학습 형태이다. 또한 전체 학습이란 모두가 함께 동영상을 시청하거나 배운 내용을 학습자 전체가 토의하는 방식이다. 마지막으로 플립 러닝은 온라인

강의를 먼저 본 후, 오프라인에서 그것을 다시 확인하는 방식의 역진행 학습이다. 이러한 학습 방식에 따라 초등학생은 코딩 개념을 동영상이나 이미지, 게임 등으로 구성하여 학습하게 하고, 중·고등학생은 고차원적 또는 실제 프로그래머가 하는 작업이나 이러닝 형태로 학습하고 있다.

이러한 방식으로 진행되는 코딩 교육은 최근 코딩 교육 의무화와 4차 산업혁명 등의 이유로 뜨겁게 달아오르고 있다.

디랩이 추산하는 국내 코딩 교육 시장의 규모는 현재 1500억 원 규모이며, 오는 2022년은 6000억 원, 2030년에는 1조5000억 원 규모로 성장할 전망이다. 이러한 코딩 교육 산업을 좀 더 들여다보면 코딩교구, 스타트업, 대기업으로 세분화되어 있다고 볼 수 있다.

기독교적 공동체를 꿈꾸다

디랩 송영광 대표는 대학에서 전자공학을 전공하고 병역특례를 받은 후 모토로라를 거쳐 삼성전자에서 입사해서 9년 동안 근무하였다. 꽤 오랜 시간 삼성전자에 몸담았지만, 사실 송 대표는 삼성전자에 있는 동안 초기부터 창업을 생각했다. 그 이유는 송 대표가 꿈꿔왔던 직장생활과 너무 거리가 멀었고, 평소 그가 갖고 있던 기독교적인 가치관이 실현될 수 없는 조직의 현실이 그로 하여금 버티기 힘들게 만들었기 때문이다.

송 대표는 대학 때 기독교 동아리 IVF에서 신실하게 훈련을 받았다. 그러나 직장 생활은 만만하지 않았다. 그렇게 배웠던 기독교적인 원리와 성경의 말씀대로 적용되지 않는 직장의 현실의 벽에 부딪히게 되면서 늘 마음속에는 창업을 생각하고 있었다. 성경적으로는 노동이라는 개념을 사랑의 실천이라는 숭고한 개념으로 배웠는데, 회사에서는 전혀 그런 패러다임이 아니었고, 그런 괴리감이 실질적으로 송 대표를 매우 고통스럽게 만들었다.

송 대표는 기독교적 세계관과 영성을 통해 기독교적 경제공동체를 생각하고 꿈꿔왔다. 그는 현실 세계에서 경제와 신앙이 통합된 공동체를 보고 싶었고, 그러한 공동체를 통해 이루어지는 삶이 송 대표의 목표였다. 이러한 이유때문에 오랫동안 고민했던 송 대표는 결국 삼성전자를 퇴사하였다.

퇴사하자마자 교회 빵집에서 일을 하는 경험을 갖게 되었다. 목사님이 미국 분이셨던 한 교회에서 빵집을 운영하기 위한 자문을 송 대표에게 의뢰하여 처음부터 송 대표가 꿈꿔왔던 기독교적 공동체 설립이 가능하다고 생각했다. 기본적인 운영 철학과 접근 방법이 지금까지 송 대표가 경험했던 조직과는 다르다고 생각해서 참여하게 된 것이다.

이를 통해 직접적으로 빵 공장을 설립하는 일을 손수 진행하였다. 그런데 시간이 지날수록 송 대표가 꿈꿔왔던 경제공동체와는 조금 다른 모습의 형태로 발전하였다. 그곳에 몸담고 있는 스태프들을 경제적으로 책임져야 하는 구조이다 보니, 아무래도 실질적인 운영에 있어서 기독교적인 정신으로 운영되는 모습이라기보다는 수익적 결과를 많이 내어서 선교에 쓰려는 구조로 운영되었다.

송 대표가 꿈꾸던 기독교적 공동체와 100퍼센트 일치하지는 않았지만, 이때 만들었던 빵집은 성공적으로 운영이 되어, 이 일로 인해 교회가 재무적으로 괜찮은 성과를 도출하게 되었고, 교인 300여명에 스태프 50여명이 다들 일자리를 갖게 되는 귀한 열매가 있었다.

이러한 경험이 자연스럽게 송 대표로 하여금 직접 그가 오랫동안 꿈꾸던 기독교적 공동체를 만들도록 생각의 전환을 가져오게 하였고 이렇게 탄생한 것이 바로 디랩이다.

2014년 1월 Daddy's LAB으로 설립되어 그해 8월 '디랩'이라는 명칭을 가지게 된 이 기업은 교육과 이를 통한 창업가 경험 프로그램을 제공하며 새로운 교육 패러다임의 변화에 대비하는 코딩 교육 회사이다.

디랩은 '다가오는 미래에 대해서 학생들이 준비된 능력을 갖출 수 있도록 도움을 주는 것'을 비전으로 삼으며, 4차 산업혁명이 우리 사회에 가져올 변화에 대응할 능력을 함양하게 한다. 이 일환으로 입시, 자격증 취득에 편중된 현 교육 서비스와 달리, 직업을 발명해야 하는 시대를 살아갈 아이들이 미래를 대비할 수 있도록 혁신가, 창업가로 자라갈 수 있는 교육 서비스를 제공하고 있다. 또한, 소통을 통한 동기부여를 중시하며 학생들이 만든 창작품을 세상과 공유하여 스스로 무엇을, 왜 하는지 깨닫게 하여 기존 교육 시스템과 달리 능동적인 동기부여 과정을 제공하고 있다.

건강한 기업을 많이 세우는 플랫폼 기업

송 대표는 사실 교육 쪽으로 창업을 할 생각이 전혀 없었고, 다만 작고 건강한 기업을 많이 세우는 플랫폼 기업을 해야겠다는 생각을 갖고 있었다. 그러한 과정에서 개인이 소유할 수 있는 디지털 생산기구인 3D 프린터, 노트북, 디지털 카메라로 비즈니스를 할 수 있는지를 검토하게 되었고, 그 단계에서 진행했던 프로젝트가 코딩 교육을 재미있게 하는 교구였던 것이다. 송 대표가 IT쪽에 있다 보니까 소프트웨어가 당연히 뜬다는 것을 알게 되었고, 우리 자녀들도 서서히 이걸 배워야겠다라는 생각이 들었다.

그렇다면 이왕 창업하는 거 그런걸 하자라는 생각이 들어 퀵 스타트 런칭을 했는데, 우연찮게도 그 다음 달에 정부에서 소프트웨어 교육 의무화 발표를 하게 된 것이다. 정부 정책 발표가 나니까 갑자기 기자들이 송 대표를 찾아오게 되고, 기사를 교육기업으로 쓰면서 이름이 알려지게 되면서 사무실로 문의가 빗발치게 되었다. 학부모들이 자녀들에게 코딩을 가르쳐 달라고 문의가 계속 되다 보니 실제적인 교육사업을 시작한 것은 아니었으나 일단 해보자는 마음으로 시작하게 되었다. 그때 경제적으로 자본이 넉넉하던 상황은 아니어서 교습소 형태로 5명이서 시작하게 되었다. 점차 신문

기사를 보고 연락해오신 분만 15명이 되고 계속 요청이 늘어나 이후 근처 수학학원을 인수했다. 이때만 하더라도 우리나라에 코딩 교육을 하는 데가 거의 없었다.

송 대표는 원래 창업 아이템을 가지고 준비한 것이 전혀 아니었기 때문에, 디랩을 창업하면서 가장 중요했던 그리고 기억에 남는 사건은 5개월간 교회 빵집을 도와드리고 난 후 그만두고 개인 사업자를 설립한 2014년 1월 2일이다.

연말에 교회에서 기도하는 시간이 있었는데, 목사님이 기도 제목이 있는 사람들은 앞으로 나오라고 하시길래 송 대표도 기도 제목을 가지고 앞으로 나갔다. 목사님께서 안수를 해 주시는데, 송 대표는 갑자기 생각하던 기도 제목이 아니라, 대한민국 경제구조를 바꿔달라고 기도를 했다.

이것은 본인이 한 기도가 아니었다. 성령과 함께 울부짖으면서 기도하는데 본인의 정신은 처음 예수님을 받아들을 때랑 비슷했다. 그 기도가 본인이 한 기도가 아니라는 것을 깨닫게 되었고, 다음 날 부모님 집에 있던 본인의 책상들을 사무실로 옮기고 1월 2일날 사업자를 내게 된 것이다. 지금도 그때 그 기도가 디랩 회사의 미션이라고 생각하고 있다.

이러한 배경으로 창업을 하고 사업을 시작하다 보니 실질적으로 기업의 구조적인 고민을 많이 하게 되었다. 기도를 통해 창업을 하게 되었기 때문에, 내가 이런 일을 하는 것이 그분의 뜻이라는 생각이 있었다. 그렇게 일을 시작하고 처음 6개월 동안의 매출은 고작 60만원 정도에 불과했다.

삼성전자에서 근무할 때는 그곳이 나름대로 좋은 일자리였고, 급여도 적지 않아서 감사했지만, 조직에 속한 부속의 하나에 불과하다는 느낌을 뼈저리게 느꼈다. 그리고 실제 업무에 대한 스트레스도 크다 보니, 가정에서 종종 불평을 쏟아놓곤 했다.

이에 대해 깊은 고민을 하던 중, 하나님께서 이스라엘 백성들이 가나안 땅에 들어갈 때 지파에게 땅을 나누어 주시는 부분을 묵상하게 되었다. 그러다 각 가정의 가장한테 땅을 나누어주신다는 점에 집중하게 되었고, 그것이야말로 크나큰 하나님의 사랑으로 느껴지게 되었다. 왜냐하면 한 가정의 가장이 조직의 일원으로 종의 역할을 하거나 다른 사람의 하부로 들어가지 않도록 기업을 하나씩 준거나 마찬가지라는 생각이 들었기 때문이다. 그것은 하나님의 엄청난 배려였다.

그래서 송 대표가 이 시대에 필요한 경제 공동체에 대해 내린 결론은, 작고 건강한 기업들이 많이 생기는 것이 굉장히 중요하다는 것이었다. 그리고 지금의 테크놀로지가 점점 기업들을 해체시키고 작은 기업들이 많이 생기는 사회 구조로 몰아간다는 것을 보여줬고, 송 대표는 그게 일반 은총 가운데 자본주의 사회 후기에 하나님이 새로운 패러다임의 변화를 이끄신다는 생각이 들었다.

물론 자본주의가 최선은 아니지만 그 가운데 하나님께서 보시기에 분명 악한 모습이 존재하게 되었는데, 그것을 이제 바꾸는 시기라는 게 느껴졌다. 성경에서 가나안 땅을 주실 때, 가나안 땅의 죄악이 400년 동안 최대치까지 기다렸다가

하시듯이, 이 자본주의 구조를 하나님께서 회복시키시는 방법은 결국 작은 기업을 통해서 가능하다는 생각에 이르게 되었다.

노예제도가 성경에서 악이라고 표현된 적은 없지만, 역사의 어떤 시점에서는 이 제도가 폐지되어야 한다는 게 일반 은총 가운데 드러나고 모든 사람들이 그렇게 여겨지는 시점이 있었듯이, 지금 자본주의가 그런 시점이라고 느껴졌다. 즉 자본주의가 무너지기보다는 더이상 대기업이 경제구조의 핵심이 아닌 현상으로 바뀌고 있다고 송 대표는 생각하고 있다.

이미 온라인에서는 그런 구조가 나타나고 있고, 오프라인에서도 3D 프린터의 퀄리티가 점차 높아지면서 제조업도 이러한 방식으로 변할 것이라고 예측하고 있고, 그래서 지금이 굉장히 중요한 시기라고 생각하고 있다. 이 시점에서 이러한 변화의 축을 주도할 수 있는 것이 바로 코딩 교육이라고 할 수 있다.

미래사회를 개척할 창업가 경험을 제공하다

디랩의 미션은 입시를 목표로 하는 것이 아닌 불확실한 미래 사회를 개척해 나갈 수 있는 역량을 길러주기 위해 창업가 경험을 제공하는 것이다. 이는 디랩의 교육 이념과 교육 콘텐츠에 잘 나타나 있으며, 교육 철학을 중요시하는 디랩의 기업 문화는 디랩의 지속적인 주요 성공 요인으로 작용하고 있다.

2014년 1월 Daddy's LAB을 설립한 것을 시작으로 여러 학교와 연계하여 워크샵, 강연 등을 진행하였으며, 학생들과 합작을 통해 공기청정기 PM2.5, 애완견 자동배식기계인 iPeT 등을 제작하여 런칭하였다. 2016년 시각 장애인을 위한 스마트 촉지도를 개발하고, 2018년에는 정보 교육 소외계층 지원 프로젝트인 코드 히어로 캠페인을 진행하는 등 사회적 약자를 위한 활동도 전개하고 있다.

또한, 지금까지는 교육 사업에서의 안정화를 도모하기 위해 디랩 코드 아카데미를 세우는 데에 초점을 맞추고 있다. 이 코드 아카데미를 바탕으로 체계적인 교육 프로그램을 다양하게 개발하고 제공하려는 움직임을 보이고 있다.

[초등학생부터 학년별로 구성된 체계적인 디랩 코딩 프로그램]

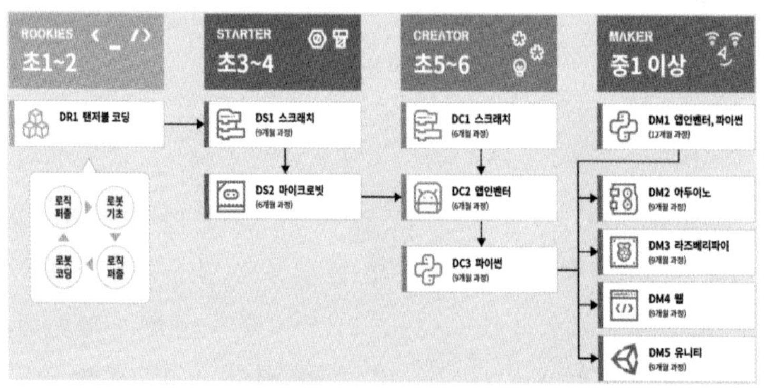

〈출처: 디랩 홈페이지〉

[현재 디랩이 운영중인 캠프 예: 유튜브 썸네일 디자인, 드론]

〈출처: 디랩 홈페이지〉

> "해외에선 모든 과목이 코딩과 융합돼 있어요. 예를 들어 체육 시간에 직접 코딩한 게임을 하는 거죠. 벽마다 터치 버튼이 무작위로 나타나고 시간 안에 얼마나 많은 버튼을 터치하는지 측정하는 식이죠. 이렇게 체육 활동과 코딩을 융합해 자기만의 운동법을 만들 수 있어요.
> 앞으로는 의사가 되든 요리사가 되든 코딩 역량이 부족하면 확장성을 가질 수 없어요. 본인이 직접 코딩을 하지 않더라도 코딩에 대한 기본 지식을 가지고 있어야 개발자와 무리 없이 소통하며 원하는 서비스를 기획할 수 있죠. 이렇게 코딩을 기반으로 사고할 수 있는 보편적 코딩 역량이 점점 더 중요해질 겁니다."

디랩은 단순 코딩 교육을 넘어 아이들에게 코딩을 통한 문제 해결과 창업가 경험을 제공한다. '급식 후 남은 잔반을 어떻게 처리할까', '집에 혼자 남은 반려견에게 물 주기' 등 아이들이 공감할 수 있는 문제를 제시하고 코딩으로 해결책을 구체화하는 작업을 돕는다.

학업 스트레스로 스스로 생을 마감한 친구로 충격을 받은 한 중학생은 심박동을 체크해 스트레스가 높으면 자동으로 빨간 불과 함께 경고 메시지가 나오는 '마음을 밝히는 펜'을 개발해 화제가 되기도 했다.

이러한 디랩의 성장에 박차를 가하게 된 것은, 바로 정부의 교육 정책 덕분이다. 중학교에 이어 초등학교 코딩 교육이 의무화되면서, 국내 유명 대학 다수가 소프트웨어 인재 전형으로 코딩 역량이 우수한 학생을 선발하게 되었고, 이제 대학을 가는데 코딩이 영어와 수학 못지않게 중요한 과목이 된 것이다.

기업성공의 핵심은 역시 사람

디랩은 초기에 두 명이 같이 시작을 했는데 매출이 크게 없다 보니까, 결국 그 한 명이 나가게 되고, 송 대표 혼자서 외로운 시간을 보내야 했다. 그러다가 다른 한 명이 합류를 했는데, 이번에는 지향하는 목표가 달라서 큰 어려움이 있었다.

송 대표는 창업초기부터 비전이 경제공동체였기 때문에 경제구조에 관심이 많아서 어떤 구조로 운영해야 할지 고민을 많이 하였고, 그 결과 당장 상장을 하는 등의 성장을 서두르지 않고, 대신 어떤 형태로 회사를 이끌어나가야 할까라는 기업운영에 대해 고민을 많이 하였다.

나중에 합류한 동업자가 있었는데 당장 상장해서 투자받

을 생각에만 집중하고 있다가 결국 송 대표의 생각과 다름을 알고 실망하면서 회사를 떠났다. 다음에 온 또 다른 동업자는 권위에 대한 이슈가 있었다. 의견을 조율함에 있어서, 본인이 따르려고는 하지 않고 오히려 권위만 행사하려고 했었는데 나중에는 송 대표와 매우 심한 갈등을 일으켰다. 그 때는 정말 힘들어 사업을 접을 정도의 위기까지 이르렀다.

한번은 사무실 확장을 하면서 예상보다 인테리어 비용이 너무 많이 들어서 재정적 위기가 왔는데, 그 다음 달에 알파고 뉴스가 나오면서 학생이 2배가량 많아지면서 위기를 넘기게 되었다.

초반에 디랩은 특이하게도 1년에 9개월만 일을 하고 3개월은 일을 안 하는 구조로 진행하였다. 비즈니스란 생각을 접어두고 교육 프로그램에만 집중하여 3개월 동안은 학생 교육을 진행하지 않았고, 이렇게 3개월 교육하고 1달 쉬고를 반복하는 구조로 진행하였다. 하지만 이렇게 운영하다 보니 교육비가 엄청나지 않는 이상 학원 운영은 불가능했다. 이런 부분을 미리 예상하지 못해서 그 부분에 대한 대안으로 캠프를 진행하기로 결정하였다. 이 과정에서도 동업자와의 권위에 대한 갈등이 발생하면서 조직운영과 사람에 대한 훈련을 톡톡히 경험하게 되었다.

조직이 좀 더 성장하게 된 계기는 클라우드 펀딩을 통해 이름이 나면서 여기저기서 같이 일하고 싶다고 메일을 받기 시작하면서부터이다. 그전까지는 생각하지 않았는데 교육과 연구 부분을 분리한 시점이 2015년 11월이었고, 이때부터 교육 쪽을 제대로 해보자는 생각이 들어서 본격적으로 시행하였다.

이때 조직이 5명이었고 연구 교육을 같이 진행하고 있을 때였다. 이러한 목적으로 조직구성원을 뽑기 시작하였다. 선발기준은 일단 컴퓨터 사이언스를 하는 사람들을 뽑거나, 아니면 만드는 것을 잘하는 사람들을 우선순위에 두었다. 그 당시에 디랩에는 한 명은 디자이너, 2명이 컴퓨터 사이언스, 2명이 전자공학 전공으로 구성되어 있었다.

직원 선발시 신앙을 전혀 고려하지 않은 것은 아니지만, 표면적으로는 처음부터 크리스천만 뽑아야겠다는 생각은 하지 않았다. 왜냐하면 송 대표가 삼성에 있을 때 마켓 플레이스 크리스천이라는 책을 우연히 보게 되었는데, 기름 부으심이 없는 기업의 첫 번째 원칙은 크리스천만 선발하는 것이라고 하였기 때문이다. 그 책에서는 크리스천만 모아놨더니 성과로 평가를 하는 게 아니라 인격으로 평가를 하기 때문이라고 서술하고 있었고 교리로 싸운다고도 적혀있었다. 하지만 오히려 그 회사에 불신자들이 들어와서 열심히 일을 하니까 크리스천들이 긴장을 하고 도전을 받기도 하고, 또한 스스로 본이 되도록 열심히 일을 하기 시작한다는 것이다.

송 대표는 회사에서도 크리스천들끼리 모임을 할 때 신앙을 핑계대면서 회피하거나 일의 정당성을 훼손하는 것을 많이 느꼈다고 한다. 결국 회사 내에서 어려운 환경들이 발생하면 성실과 실력으로 극복하기보다는 신앙의 테두리에서 보호받으려는 느낌을 크리스천 직원들로부터 많이 보게 되었다.

송 대표는 초기에는 평일 아침마다 기도하는 시간을 정했다. 핵심적인 것을 나눌 사람이 있어야겠다고 생각하던 차에, 가능성이 큰 사람 중에서 크리스천이면 같이 기도하자고 하여 기도하는 모임을 지속적으로 가져갔다. 다행히 이에 대해서 불신자들의 불평은 아직까지는 없다고 한다. 업무 시간 외에 하는 것이고, 충분히 자율성을 부과했을 뿐만 아니라, 기도하는 모임을 이용해서 어떤 특권을 누릴 만한 행동을 한 적이 거의 없기 때문이다. 예를 들어 10시 출근인데 8시 반부터 9시 반까지 기도한 후, 간식이나 간단한 식사를 제공한 정도 외에는 특별한 혜택이 없었다.

조직 내에서 누군가가 특권을 누린다고 보여지지 않도록 공평과 평등을 실현하는 것이 조직 운영에서 매우 중요한 부분이기 때문에 송 대표도 이를 몸소 실천하려고 노력하고 있다.

성장의 동력은 윈윈하는 수익구조

디랩은 직영점과 파트너십 기반의 분원을 운영하고 있다. 디랩이 파트너를 선택해 투자금을 받고 이 투자금으로 분원을 내준다. 분원은 투자금의 대가로 본사 지분을 취득한다. 디랩이 향후 대규모 투자 유치나 상장에 성공할 경우 지분 보유에 따른 이익 실현을 기대할 수 있다.

초기에 와디즈로부터 5억(2017년)을 크라우드 펀딩으로 받게 되어 대치점을 설립했다. 그 이후에는 기간 투자는 없는 대신, 파트너십으로 운영하여 목동, 동탄, 대구 수성, 울산 등 전부 투자자이면서 운영자의 형태를 가지고 있다.

각 지점마다 거의 2.5억에서 3억 정도 투자하고 있는데, 투자를 하면 지분 투자로 하여 주식을 나눠주고, 투자한 돈을 그대로 그 지점에 세팅하고 투자자들을 운영자로 넣는 구조이다.

재무관계는 프렌차이즈를 했을 때 받는 로열티만 받고, 나머지에 대한 수익은 급여 인센티브로 가져갈 수 있도록 하는 구조로 만들었다. 이렇게 되면 프렌차이즈 방식의 직영이 되어서 프렌차이즈처럼 수익을 올릴 수 있는데, 이게 본사 자산이다 보니까 본사가 관리해주게 되고, 본사 입장에서는 지점의 매출이 전부 본사 매출로 잡히게 되는 구조라 양쪽 다 윈윈할 수 있는 구조인 것이다.

송 대표가 생각하는 구조는 주식회사로 상장이 돼서 많은 자본을 대기업이 다 독점하는 것이 아니라, 상장이 되어 있기 때문에 투자자들도 같이 누릴 수 있는 구조를 만든 것이다. 이는 노동 수익과 자본 증식 수익을 같이 얻을 수 있는 게 핵심이다. 투자자들 입장에서는 자영업을 하면서 도산하는 것이 제일 큰 걱정인데, 디랩의 경우 본사가 직접 관리하는 자산이다 보니 망하게 내버려 두지 않고, 적자가 나도 본사에서 무이자로 지원해주는 방식을 시행하고 있다. 회사 간 거래가 아니라서 내부적인 신뢰만 있다면 큰 문제 없이 이루어질 수 있는 관계로 운영이 가능한 것이다.

본사 입장에서는 본사 규모가 커지다 보니까 상장하기도 더 수월해져서 좋은 면이 있고, 자본주의의 주식 시스템을 개개인도 누리면서 자기 비즈니스도 잘 키울 수 있는 구조가 되는 것이다. 대부분의 사람들이 그간의 회사를 나와서 창업할 때 제일 힘들어 하는 게 창업했다가 실패하는 경우인데, 이러한 구조로 운영되면 실패 확률도 줄어들 수 있고, 상장이 되면 자본주의 수익도 얻을 수 있으니까 중요하다고 생각했던 것이다.

송 대표는 재무적으로 큰 이슈가 없는 상태여서 좀 더 가치에 중점을 두고 재무적인 부분은 차선으로 생각했다. 하지만 대부분의 회사 직원들은 재무적인 이슈들이 각각 다르다보니, 어떻게 하면 서로 잘 도울 수 있을까 하면서 생각하게 된 것이 바로 회사를 빨리 성장시키면 되겠다고 생각하여, 이러한 구조와 대안들을 끊임없이 고민하고 적용하게 된 것이다.

디랩은 맨 처음에 판교에서 시작하여 대치 캠퍼스가 2017년 12월 시작하였고, 동탄과 목동 지점이 2019년 3월, 대구 지점이 2018년 3월에 오픈하였고 계속해서 울산지점으로 확장하고 있다. 이러한 지점 확장에 따른 디랩의 매출 성장을 살펴보면, 2016년에 1.6억, 2017년에 4.1억, 2018년에 9.2억으로 늘어났고, 2019년에는 25억 정도를 예상하고 있다.

초기부터 디랩은 수익성이 고민이었다. 아직까지 초기단계이고 매년 새로운 투자 부분들이 등장하면서 수익구조를 만드는 것이 쉽지 않은 상황이다. 그래도 이제 판교캠퍼스는 약 연 1억 넘게 수익이 나는 상황이고, 대치캠퍼스는 거의 BEP를 맞추는 단계까지 성장하였다. 최근 들어 지점을 확장하면서 새로 지점의 프렌차이즈를 위해 별도의 운영조직을 크게 만들었다. 이러한 새로운 투자로 수익을 내는 것이 당장은 쉽지 않지만, 미래를 위한 투자이므로 지속적으로 성장을 위한 노력을 진행하고 있다.

디랩은 현재 8개인 오프라인 캠퍼스를 5년 안에 50개로 늘린다는 계획이다. 이미 분원 개설 신청이 줄을 잇고 있다. 이를 통해 디랩은 오는 2025년에는 매출 500억 원을 올린다는 계획이다.

[디랩 코드 아카데미 확장 계획]

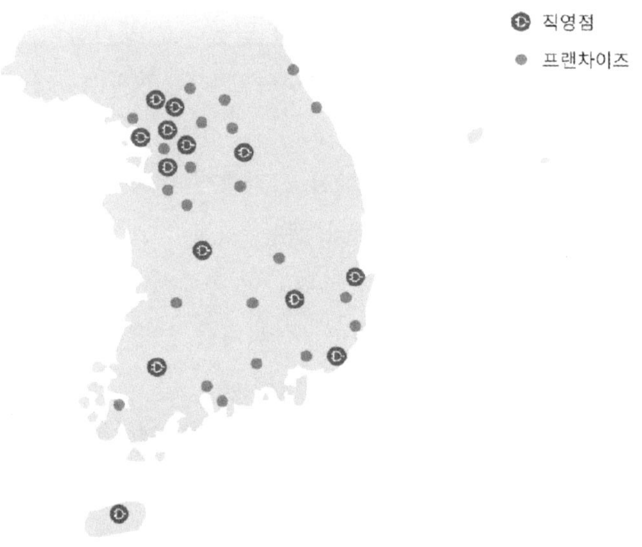

〈출처: 디랩 투자설명서〉

미래를 혁신하다

디랩에서 중요하게 생각하는 가치는 개척적인 기업가 정신이다. 그러다 보니 기업 구성원을 선발할 때도 진취적이고 도전적인 요소들을 많이 보게 되는데, 가장 집중해서 살펴보는 것은 그 사람의 스토리이다. 전공도 중요하지만 그 사람의 스토리를 봤을 때 그 사람의 내면 깊은 곳에서 교육이나 사람들을 향한 관심이 얼마나 있는가, 단순히 교육콘텐츠에 일자리를 구하려고 지원했는가 하는 점을 분석하여 선발해 왔다.

특히 디랩에서 제공하는 교육 자체가 굉장히 혁신적인 요소들을 계속 끌고가려는 프로그램으로 구성되기 때문에, 조직 구성원의 창의적 자질이 많이 반영되어야 한다. 또한 학기제처럼 11주 일하고 한 주 쉬는 독특한 시스템으로 운영되고 있다. 이러한 점도 다른 회사에서 찾아보기 어려운 혁신적인 운영체제라고 볼 수 있다.

최근에는 책 읽는 모임을 업무시간으로 포함시키고, 2주에 한 번씩 편하게 커피를 마시면서 대화하는 시간을 만들었는데, 조직구성원들의 반응이 굉장히 좋다고 한다. 다행히 지금까지는 조직구성원 모두 교육업을 하는 사람들이어서 그런지 기본적으로 사람에 대한 관심이 많고, 이를 통해 디랩의 비전과 가치를 한마음으로 묶어서 움직이려고 하고 있다.

최근에는 코딩 교육의 붐을 타고 경쟁업체들도 속속 시장에 등장하고 있다. 이미 많이 등장하기도 했는데, 특히 CMS에서 만든 상장회사가 계속 디랩의 여러가지 내용을 카피

해서 마음이 상하기도 했지만 이제는 별로 신경 쓰지 않는다고 한다. 왜냐하면 회사를 운영하면 할수록 방식보다는 철학과 사명이 베이스라고 생각하게 된다는 것이다.

회사를 경영하다보니 사명이 중요하다는 것을 깨닫게 되었고, 그게 모든 것의 근원이자 가장 중요한 부분이라는 것이다. 그리고 이러한 철학과 사명에 관한 이야기를 계속하니까 이러한 철학과 사명에 관심 있는 조직구성원들이 모이게 된다는 것이다. 특히 평판이 중요해질 수밖에 없는 이유는 SNS가 생기면서 사람들이 다 알게 되고, 그 사람의 행동과 평판이 소비자의 구매 의사를 좌지우지하기 때문이다. 디랩은 시장에서 이미 소비자들에게 신뢰가 높은 평판을 쌓아 올렸기에 이제는 열매로 돌아오고 있는 것이다.

디랩의 사회적 책임의 부분은 파트너십을 통한 수익구조가 가장 크다고 생각하고, 시대에 맞는 교육의 혁신을 한다는 것을 가장 큰 사회적인 임팩트라고 보고 있다. 이외에도 내부 구성원의 성장을 위한 프로그램 등 여러 가지가 있겠지만, 회사가 성장해 나감에 따라 단계적으로 영향력의 범위를 넓혀 나가고 있다. 일례로 코딩을 배웠던 학생이 복지관에 가서 아이들을 가르치는 일을 지원해주고, 그것을 같이 세팅해 주는 일들도 생겨나면서 사회에 점차 그 영향력들도 확장시켜 나가고 있다.

앞으로 정부의 코딩 교육의 의무화로 인해 디랩의 성장은 무궁무진할 것으로 보여진다. 학교에서 코딩을 배우고 재미를 느낀 학생들이 찾아와서 더 깊이 배우는 기회가 많아짐에 따라 관심도가 급증하고 있으며, 사회적으로도 코딩의 중요성을 강조하는 분위기 가운데 시장은 점차 확대될 전망이다.

이에 발맞추어 디랩은 향후 국내 직영으로 15개, 프렌차이즈로 40개 정도 확장할 계획을 갖고 있으며, 해외 진출도 계획하고 있어서 라오스에 KOICA 프로그램으로 준비하고 있다. 아직 한국 시장이 많이 크진 않지만 성장 가치가 커서 기대가 되며, 오히려 소프트웨어 교육보다 창업과 기업가 정신 교육의 중요성에 더 큰 비중을 두고 있다.

향후 디랩의 홍보를 적극적으로 하려는 계획도 고민하고 있다. 지금까지 페이스북을 많이 이용했는데 다각적인 방법도 고민하고 있다. 유튜브 방송을 이용하는 방법도 고민 중이며, 유명한 석학들을 초빙해서 세미나를 여는 방법도 고민해보고 있다. 시장에서의 가시적인 평판이 좋은 편이라 얼마든지 좋은 홍보 활동을 통하여 더 나은 성장을 기대할 수 있을 것이다.

Good Business

'감사경영'이 핵심인 기업, 네패스

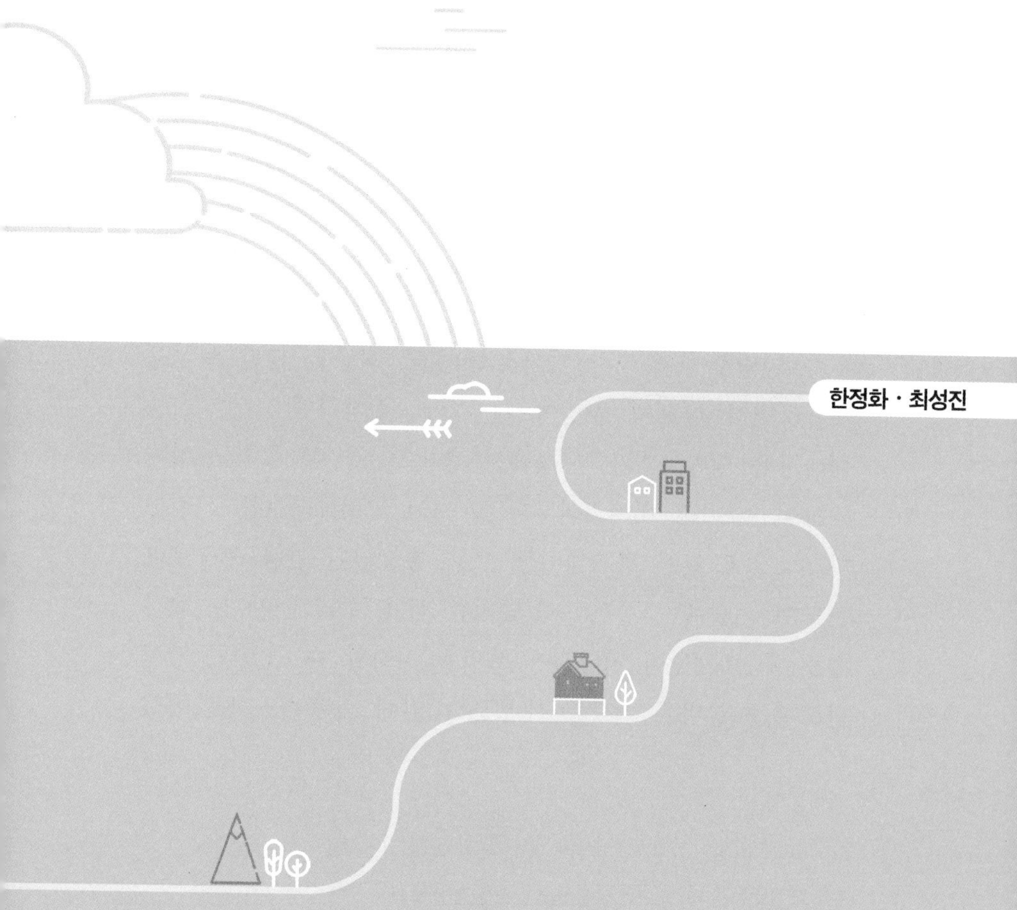

반도체 1세대, 우여곡절 끝에 우뚝 서다

네패스의 창업자 이병구 회장은 대구 출신으로 계성고등학교를 거쳐 경남대 영문과를 졸업했다. 1978년 금성일렉트론에 입사한 반도체 1세대이다. 당시에는 기술력이 부족하고 우수 인력도 부족한 상황이라 이병구 회장은 혼자 독학을 거듭하면서 반도체 공정의 전문가로 성장하였고 생산기술센터장을 역임하였다. 현장에서 쌓은 노하우를 펼쳐 보이기 위하여 1990년 네패스의 전신인 크린크리에티브를 설립했다. 공장에 있는 하드웨어를 모두 총괄했던 만큼 누구보다 반도체 기술에는 자신이 있었지만 사표 수리가 안 돼 회사 설립 후 10개월이 지나서야 사업을 시작할 수 있었다. 당시 반도체는 장비든 재료든 대부분 수입에 의존하는 상황이었다. 크린크리에티브는 이를 기회라고 보고 당시 거의 전량 수입에 의존해 온 현상액의 국산화에 나섰다.

사실 반도체 공정은 대단히 위험이 큰 분야이다. 양산을 해야 비로소 수익이 발생하는데 양산까지 막대한 선투자가 필수적이었다. 창업투자회사의 투자를 받았지만 생산라인에서 검증받고 양산에 이르기까지 엄청난 고난이 있었다. 결국 공장 가동 후 1년이 지나서야 겨우 납품을 시작할 수 있었다. 이후 반도체, 디스플레이의 핵심 전자재료를 하나씩 국산화하는 데 성공하면서 수입대체 효과는 물론 회사도 순조로운 성장을 거듭했다.

1999년 코스닥에 상장한 후 자금 여유가 생기자 신규 투자를 계획하여 LCD 패널에 들어가는 부품인 냉음극 형광램프(CCFI)를 만들기로 했다. 양산만 하면 전량 구매하겠다는 고객사도 있던 터라 한 해 매출의 4분의 1을 투자했다. 하지만 고객사에서 자회사를 설립하기로 방향을 바꾼 탓에 납품은 무산되고 말았다. 일본 제품과의 품질 경쟁에서도 밀리면서 국내에서 판로 개척도 어려웠다. 상장을 통해 마련했던 여유 자금도 대부분 밀어 넣은 이후였다. 3년간 공장을 돌리다 결국은 관련 사업을 접어야 했다. 결국 새로운 신성장 동력을 찾아야 했다. 그렇게 하지 않고서는 회사의 지속성장이 불가능했기 때문이다.

여러 가지 가능성을 검토한 끝에 반도체 후공정에 주목했다. 당시 반도체 후공정 분야는 일본과 대만 업체들이 주도하고 있었다. 이 회장은 오히려 이것을 기회로 보았다. 제대로 된 국내 업체만 있으면 한국 대기업들이 거래하지 않을 이유가 없다는 생각이었다. 주위의 반대는 엄청났다. 200억 원 이상의 투자가 필요했고, 수백 명의 인원도 새로 뽑아야 했다. 코스닥 기업인 네패스의 전망에 대해 증권사 애널리스트의 부정적인 의견이 쏟아졌다. 대기업에서도 후공정 라인을 설치하는 데 어려움을 겪었는데 어떻게 중소기업에서 가능하겠느냐는 것이었다. 이 회장은 뜻을 굽히지 않고 싱가포르로 날아갔다. 당시 싱가포르는 글로벌 파운드리 등 반도체 기업들은 많았지만 범핑 업체가 없어 대만까지 가서 범핑을 해 와야 했다. 이런 상황에서 이 회장이 싱가포르의 UTAC와 12인치 웨이퍼 범핑 합작법인을 설립하자 사업은 순항을 거듭했다.

2004년에는 반도체용 솔더 범핑 기술로 미국특허권을 취득했고, 플레이팅 범핑, WLP 등의 기술을 최초로 상용화하면서 2004년과 2005년 연속으로 '한국의 고속성장 기업 50(Korea Technology Fast 50)'에 선정되기도 했다. 2008년 글로벌 금융위기 때도 큰 위기 없이 극복했다. 네패스는 당시 대만 업체들이 직원들을 대량 해고한 것과 달리, 월급을 줄이는 대신 전 직원들을 안고 가기로 했다. 가동률이 30%까지 떨어졌지만 불과 3개월 만에 회복세로 돌아서면서 회사가 더욱 빨리 안정되는 계기를 마련했다. 네패스는 2006

년 오창 2, 3 공장을 준공하면서 넘쳐나는 수요에 대응하였고 반도체 사업에서 축적한 역량을 바탕으로 유관 산업인 LED, 신소재 부분으로 확장하였다. 해외 진출에도 적극적이어서 2009년 독일 연구소 설립을 시작으로 2013년 러시아 LED공장 신축, 2015년 중국 장쑤에 반도체 공장을 준공하였다.

반도체 시장은 주변 환경에 큰 영향을 받는 산업이다. 거의 모든 전자 제품에 반도체가 들어가므로 해당 연도의 전 세계 성장률과 연동되는 경우가 많다. 최근 몇 년간은 글로벌 경기 침체에 따라 반도체 산업의 타격이 적지 않았다. 그러나 2016년부터 글로벌 경기 회복의 기지개를 켜고 소비심리 상승으로 반도체 시장도 다시 견조한 성장을 할 것으로 예상된다. 반도체 시장의 재호황에 발맞추어 네패스는 2017년 5월에 반도체 범핑 설비를 증설하였고 패키징 신기술에 대한 수요가 늘어남에 따라서 큰 폭의 성장을 거두었다. 2018년 매출 2,706억원, 영업이익 218억원, 당기순이익 227억원을 실현했다. 반도체도 중국 장쑤성에 해외 생산기지를 건설하였으며, 해외에도 활발하게 진출하여 미국 캘리포니아 산타클라라와 중국 상하이에 해외 지사를 두고 있으며 다른 국가에 대한 글로벌 확장에도 노력을 기울이고 있다.

생명공동체 네패스, 그 바탕은 성경

네패스의 경영철학은 기본적으로 '성경'의 말씀을 바탕으로 한다. 이에 대해 이병구 회장은 다음과 같이 자신의 생각을 밝히고 있다.

"성경은 우리의 잘못을 책망하고, 바르게 하고, 의롭게 교육하는 하나님의 말씀입니다. 이는 회사의 정체성과 가치관을 정립하는 데 완벽한 기준이 됩니다. 무엇을 기준으로 가치관과 정체성을 만드느냐는 직원들의 삶과 직결됩니다. 구성원들을 행복하게 하고, 이웃 사랑을 실천할 수 있어야 합니다. 또한 궁극적으로 회사의 성장을 이끌어내야 합니다."

이 회장은 네패스의 경영철학은 '회사에서 함께 일하는 사람을 어떻게 바라봐야 하는가'에 기초하고 있다고 말한다.

"회사의 직원은 첫째, 신뢰와 존중의 대상입니다. 나의 동반자로서 업신여기거나 비방, 비난하는 행동은 해서는 안 됩니다.
둘째, 섬김의 대상입니다. 네패스는 사내에서 '안녕하세요' 대신 '슈퍼스타'라는 인사말을 사용합니다. 이는 상대를 존중하고 사랑의 대상으로 섬긴다는 뜻으로, 상대의 부족한 점을 내가 채워주겠다는 생각을 갖자는 것입니다.
셋째, 공동체의 일원입니다. 나와 같은 배를 탄 사람이라는 생각으로 나 혼자만 잘되는 것이 아니라 다같이 잘될 수 있도록 책임의식을 가지고 행동해야 합니다.
넷째, 협력의 대상입니다. 상대방을 뭔가 부족한 사람으로 바라보거나 경쟁의 대상으로 바라본다면 진정으로 협력할 수가 없습니다. 상대의 협력을 얻기 위해 상대방의 관점에서 생각하는 것이 필요합니다."

이러한 경영철학은 회사명에 내재되어 있다. 네패스(Nepes)는 히브리어 네패쉬, 즉 '영원한 생명'에서 유래했다. 회사의 이름에서 알 수 있듯이 긍정의 언어와 감사를 통해 생명의 에너지를 주고받는 기업문화를 표방하고 있다. 또한 지속성장과 장수기업을 지향하는 목표가 담겨 있다. 지속성장을 위해서는 그 기반이 되는 고용창출, 걸작품 창작과 행복, 기업문화 증강을 추구하고 있다.

또한 이 회장은 회사는 생명공동체임을 강조한다.

"이 세상의 모든 사람은 그저 우연히 세상에 태어난 것이 아니라 세상의 부름을 받고 태어난 것입니다. 한사람, 한사람 모두가 소중한 생명과 소명을 가지고 태어나서 회사를 만나면 그 속에서 자신의 미션과 꿈을 펼치게 됩니다. 특수한 목적과 비전을 가지고 설립된 회사는 직원들에게 일을 위임하면서 그들이 사명자로서의 역할을 다할 수 있도록 돕는 것입니다.
네패스가 생각하는 회사와 직원의 관계는 그저 '월급을 주고 일을 시키는 것'에 머물지 않습니다. 회사와 직원의 관계는 하나의 '생명공동체'입니다. 자신이 이 세상에 태어난 이유를 찾게 해주고, 완성시켜 주고, 서로의 생명을 지속시키고 활력을 북돋아주는 관계입니다."

이 회장은 네패스의 이러한 경영철학에 대해 회의적인 시선으로 보는 사람도 있다고 한다. “정말로 그렇게 경영해도 이익을 낼 수 있나요?”라고 물어보는 사람도 있다고 한다. 지금과 같이 불확실성이 높고 장기적인 불황이 이어지는 시기에 매출과 목표와 성과를 논해도 부족할 판에 기쁨과 행복과 생명을 논해서 성과가 제대로 나느냐는 말이다.

그러나 네패스는 동종업계에서 높은 경영성과와 기업가치를 실현하고 있을 뿐만 아니라 직원들의 만족도가 매우 높다. 중견기업이지만 국내 10대 대기업 직원들의 만족도를 넘어섰다. 부서간에 협업이 얼마나 잘 이루어지고 있는가를 파악하는 협업 수준 조사에서도 월등한 결과를 보이고 있다. 2017년 한국협업진흥협회의 진단 자료에 따르면 일반 기업의 평균적인 협업수준은 67.17이었지만 네패스는 71.32로 조사됐다.

네패스의 특별한 ‘감사경영’

네패스는 1990년 창업 이래 현재 국내외 16개의 계열사를 보유하고 있으며 2018년 연결 매출 기준 약 3000억 원을 달성하여 중견기업의 반열에 올랐다. 네패스는 성장과정에서 대한민국 반도체 산업 발전에 주요한 역할을 담당해 왔다. 반도체 제조 과정의 범핑과 핵심 재료인 현상액, 감광액 공급은 모두 해외 업체에 의존해 왔으나 네패스의 기술 개발로 중요 공정의 대부분을 국산화 할 수 있었다. 하지만 지난 30여년 간 네패스의 성공 경로가 순탄한 것만은 아니었다. 중소기업으로서 크고 작은 어려움이 있었지만 회사의 독특한 기업 문화는 이러한 난관을 극복하는 데 결정적인 역할을 하였다.

네패스의 기업문화를 대표하는 것은 감사경영(gratitude management)이다. 감사경영은 337라이프를 통해 경영 일상에서 감사의 마음을 밖으로 표현하는 연습으로 시작되며 독서와 노래라는 도구를 통하여 심화되어 기업의 성과와 선순환적인 관계를 구성하고 있다. 337라이프란 하루에 3번 좋은 일을 하며, 3곡 이상의 노래를 부르며, 7가지 이상의 감사 편지를 쓰는 것이다. 하루에 3번 좋은 일을 한다는 것은 직원들 사이에 자발적으로 상대방에게 도움이 되는 행동을 하는 것을 의미하며, 3곡의 노래를 부르는 것은 매일 오전의 노래 교실에 참여하는 것으로 달성이 될 수 있다.

네패스 경영의 핵심은 감사경영이라는 기업철학에 담겨져 있다. 네패스의 감사경영은 감사는 표현되어야 아름답다는 경영진의 의지 발현이라고 볼 수 있다. 16여년 전 당시 중소기업에서 중견기업으로 도약하고자 하는 시점에서 이 회장은 감사경영을 기업에 도입했다. 그 배경은 다음과 같다.

"2003년 즈음해서 감사경영을 도입하기로 정하였습니다. 감사경영을 시작했을 때에 임직원의 수가 약 800여명 정도 되었습니다. 그전까지는 기업 문화라는 것도 모르고 경영이라는 것도 잘 알지 못한 채 그냥 열심히 만들고 열심히 파는 생각만 했습니다. 그러나 매출이 늘어나고 직원이 많아지니 고민이 늘어갔습니다. 어느 날 회의를 하는데 한 임원이 저에게 그러더군요.
"회장님, 지난번에는 이렇게 이야기하셨는데 왜 이번에는 다르게 이야기하십니까?"
저녁에 가만히 생각해보니 얼굴이 화끈거리고 부끄럽더라고요. 그때부터 고민을 많이 했습니다. 경영학을 공부해보자. 나만의 경영철학을 가져야겠다고 말입니다.
그래서 여기저기 쫓아다니면서 강의도 들어보고 공부도 해봤는데 큰 도움이 안 되더군요. 그러다가 교회에서 소그룹이 모여서 성경공부하는 다락방이라는 모임에 나가게 되었는데 어느 날 문득 성경 말씀을 경영에 도입해보는 건 어떨까 하고 생각하게 되었습니다."

그는 감사경영의 성경적 의미를 다음과 같이 설명한다.

"성경을 관통하는 주요한 사상인 은총과 감사는 모두 라틴어 'gratia'에서 유래합니다. '감사'라는 표현은 구약 성경에서 126회, 신약 성경(개혁개정 성경 기준)에서 62회나 나와 가장 빈번하게 출현하는 단어 중에 하나입니다.
감사의 철학은 천지를 만드신 하나님께 대한 감사(우리는 항상 간구하고 하나님을 생각할 때 감사하며 기쁨으로 항상 간구해야 한다 –빌립보서 1장 3절~5절), 우리를 치유하는 예수님께 대한 감사(예수의 발 아래에 엎드리어 감사하니 그는 사마리아 사람이라 –누가복음 17:16), 범사에 대한 감사(범사에 감사하라 이것이 그리스도 예수 안에서 너희를 향하신 하나님의 뜻이니라 –데살

로니가전서 5:18), 타인에 대한 감사(그들은 내 목숨을 위하여 자기들의 목숨까지도 내놓았나니 나뿐 아니라 이방인의 모든 교회도 그들에게 감사하느니라 -로마서 16:4) 등으로 다양하게 포함되어 있습니다."

이 회장은 이러한 성경의 지식을 본인의 경영철학으로 능동적으로 발전시켜 구체적인 실천 방안을 고안해냈다. 그는 성경말씀에 근거하여 감사경영에서 말의 표현을 중시한다. 성경에서 "너희 말이 내 귀에 들린 대로 너희에게 행하리니(민수기 14:28)"라는 구절에서 착안하여, 말이 가진 에너지의 중요성을 기업경영에 활용하였다. 감사경영의 핵심인 독서와 노래도 각각 성경 읽기와 찬송가 부르기에서 나왔다고 한다.

감사경영의 핵심 '337라이프'

감사경영이 처음부터 잘 작동되었던 것은 아니다. 직원들의 자율적인 참여가 전제되어야 하는데, 일부 직원들의 소극적인 태도가 문제였다. 감사경영은 직원들의 자발적인 참여가 전제되기 때문에 모든 직원들의 참여를 강제하지 않았다.

이러한 활동은 회사를 위한 것이 아니라 자기 자신을 위한 것이라고 강조한다. 자발적인 프로그램이 아니라면 감사경영의 효과는 사라지기 때문이다. 처음에는 시큰둥한 자세로 독서 모임에 나와 점차 모임에 빠져들면서 감동의 눈물을 흘리는 직원들이 적지 않다고 한다. 이러한 감동이 자연스럽게 모든 직원들에게 전파되어 자율적으로 모임에 참여하는 직원들이 증가하게 되었다.

감사경영의 실천은 크게 감사진법, 노래교실, 독서토론으로 구성되어 있다. 이 세 가지 실천 프로그램이 유기적으로 결합하여 감사경영과 기업 성과의 선순환 구조를 이루고 있는 것이다. 이병구 회장은 감사진법의 원리를 다음과 같이 설명한다.

"사람은 부정적인 생각을 하면 할수록 점점 더 부정적인 사고가 고착됩니다. 그러나 역으로 한 번 감사하면 할수록 더욱 감사할 일이 많아집니다. 이를 긍정적인 낙인이라고 합니다. 이를 경영에 활용하는 감사경영을 우리 회사에 적극 도입한 것입니다. 사실 감사진법 곳곳에 모순된 내용들이 있습니다. 일반적으로 우리는 누군가를 알았다고 해서 그 일 자체에 서둘러 감사를 하지는 않습니다. 아직 그 사람으로부터 아무것도 받지 않았고, 실제 나에게 선한 행동을 할지 나쁜 행동을 할지 알지 못하기 때문입니다. 예상치 못한 일과 업무가 생겼을 때 감사하라는 것도 마찬가지입니다. 그게 나에게 진짜 감사한 일이 될지 안 될지 전혀 모르는 상태이기 때문입니다.
그러나 여기에는 바로 '긍정적 낙인'이라는 비밀이 숨어있습니다. 일단 주어진 상황에 대한 가치 판단을 멈추고 '감사'라는 딱지부터 붙이면 그것을 대하는 우리의 태도가 완전히 달라집니다. 누군가를 만났을 때 '감사'라는 긍정적 낙인을 찍게 되면 상대를 대하는 우리의 행동이 달라지고 마음자세가 달라지게 됩니다."

실제로 감사진법을 실천한 직원들은 자신이 원래 예상했던 것과 전혀 다른 경험을 한다. 감사할 일이 없어도 일단 감사하기 시작하면 원래 별것 아니었던 것도 감사할 일로 변한다는 것이다. 심지어 태어나게 된 것에 감사하고, 지금 문제없이 살아있음에 감사하고, 아내와 자녀의 목소리를 듣는 것에 감사하게 된다. 그리고 이것은 현재 열심히 일할 수 있는 직장이 있는 것에 대한 감사로 발전한다.

> "감사진법이 가지고 있는 또 하나의 특징은 사람들로 하여금 물질적 풍요의 한계를 뛰어넘게 한다는 점입니다. 사실 물질적 풍요는 모든 사람이 원하는 것이지만 안타깝게도 이것은 한계를 가지고 있습니다.
> 사실 경제적인 조건, 복지 상태가 만들어 내는 행복감은 예상외로 그리 높지 않습니다. 감사는 주어진 상황에 대한 무한 긍정을 이끌어내고 그 긍정 안에서 현신을 주도적으로 바꾸어 나가는 힘입니다.
> 감사는 기업과 직원들을 변화시키고, 현실에서 행복을 느끼게 만들어주는 마법과 같은 것입니다."

[그림－1]에서 보듯 감사경영의 가장 대표적인 실천 방법은 337라이프로 나타난다. 이 중에서 7가지의 감사 편지를 매일 쓰는 것은 사실 어려운 일이다. 어떤 날에는 감사할 일이 많을 수 있지만 평범하고 바쁜 대부분의 일상에서 매일 7가지나 감사한 일을 찾아내는 것은 쉬운 일이 결코 아니다.

네패스가 이러한 프로그램을 도입한 것은 '마음근육 훈련'

의 중요성 때문이다. 마음속에도 정서의 근육이 있는데 매일 단련하지 않으면 금방 부정적인 사고로 돌아가 버린다는 것이다. 따라서 감사는 한 번에 몰아서 하고 마는 것이 아니라 운동을 하듯이 하루에 7번씩 꾸준하게 감사의 소재를 찾아 표현해야 운동을 통해 육체에 근육이 생기듯이 마음에 근육이 생기는 것이다.

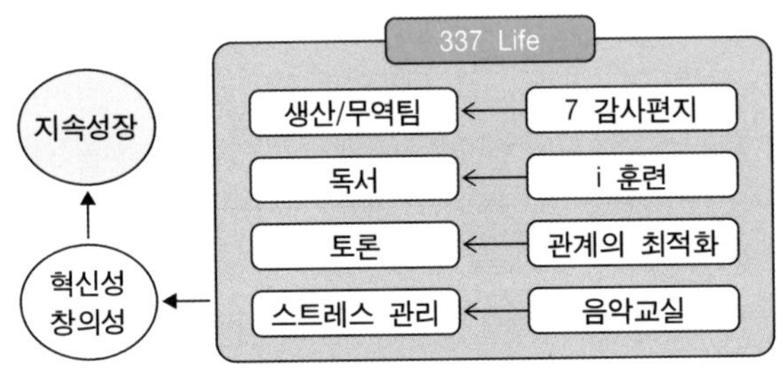

[그림－1] 337 라이프의 구성요소

감사의 편지를 막연한 내용이 아닌 구체적인 내용으로 채우기 위해서는 관찰력이 필요하다. 아무리 사소한 것이라도 주의 깊게 관찰하다 보면 감사할 내용이 떠오르게 되고 그것을 편지의 형태로 구체화 할 수 있다는 것이다. 주변을 관찰하는 것은, 제품을 만드는 설비를 관찰하는 것과 동료를 관찰하는 것, 그리고 부하 직원을 관찰하는 것 등 인간과 사물 사이에서 전방위적으로 일어나야 한다. 계속 관찰하는 가운데 창의력이 신장되고 평소에 보지 못한 개선점이 발견된다고 한다. 즉 자발적인 감사 편지 운동을 통하여 창의력이 개발되고 그것이 기업의 성과와도 연결이 된다.

감사편지는 오프라인에서 이루어지기도 하지만 네패스가 자체 개발한 스마트폰 어플리케이션도 이용할 수 있다. 이 어플리케이션의 이름은 마법노트인데 이 프로그램을 스마트폰이나 스마트패드에 설치하면 장소에 구애받지 않고 쉽게 감사 노트를 적을 수 있다.

이 어플리케이션에는 감사 일기를 적을 수 있는 기능은 물론 감사 메시지를 직장 동료에게 전달할 수 있는 발송 기능도 있다. 특히 젊은 사원들은 페이스북 등 외부 SNS를 활용하여 감사 일기를 사외로까지 노출하기도 한다. 감사경영이 회사 내부에만 도는 것이 아니라 외부효과처럼 확산할 수 있는 가능성을 보여주고 있다. 이 어플리케이션은 심심할 때에 흔들어 볼 경우 긍정·행복의 문구가 랜덤하게 등장하여 직원들에게 소소한 재미까지 주고 있다.

네패스의 감사경영이 다른 회사의 사례와 구별되는 가장 중요한 특징은 감사를 적극적으로 표현하고 있다는 것이다. 오창 생산기지와 서초사옥을 방문하면 직원들 사이에 항상 '슈퍼스타!'라고 자신감 찬 목소리로 인사하는 모습을 발견하였다. 이는 '당신이 회사의 영웅이며 나는 당신에게 그것을 항상 감사한다'는 의미를 내포하고 있다. 소극적으로 감사 편지를 쓰고 마는 것이 아니라 여러 사람들이 모였을 때에도 부끄러워하지 않으며 '소리내어 감사하라, 지체하지 말고 감사하라, 생활의 모든 면에서 감사 요소를 찾아보자, 감사 받는 사람이 될 수 있도록 노력하자'는 모토를 적극 실천하고 있는 셈이다.

나와 너를 이어주는 독서경영, 에너지를 발산하는 노래교실

1) 독서경영

네패스 감사경영의 한 축은 독서경영이다. 독서경영은 10명 단위의 소그룹으로 구성되어 모두 90여개 조가 조직되어 있다. 독서교실의 철학은 i훈련에서 나타난다.

i훈련이란 Innovation Training의 약자로 매달 한 권의 책을 정해 조직구성원끼리 책의 내용에 대해 토론하고 생각을 공유하는 시간으로 네패스 전 임직원들이 참여하고 있다. 네패스 i훈련은 여느 다른 회사들이 하고 있는 독서토론과는 다르다. 똑같은 책이지만 보는 시각에 따라 다르게 이해할 수 있기 때문에 서로 어떻게 생각하는지 생각을 나누는 가운데 '틀림'이 아닌 '다름'을 인정하고 협업을 이끌어 내는 모임이다. i훈련은 책에서 지식을 얻는 것보다 생각하는 힘을 키우고 다른 사람과의 공감대를 이루는 과정을 더 중시한다. 다른 사람들과 책 내용에 대해서 이야기를 하고 그 내용을 업무와 결부지어 생각하면서 결과적으로 감사할 거리를 생각해 볼 수 있고 유연한 사고를 하는 훈련을 하게 된다는 것이다.

독서 토론을 업무상의 협업까지로 응용하기 위해서 고안해낸 아이디어가 바로 관계의 최적화를 추구하는 CoP(Collaboration Project)이다. 예를 들어 독서 토론을 하면서 몇 사람은 내용 정리를 하고 몇 사람은 핵심을 이야기하고 몇 사람을 업무에 어떻게 적용시킬 것인가를 이야기하는 식으로 분업을 하게 된다. 그러한 과정을 통해 역할을 담당하는 동료 직원들에게 감사하게 되며 평소에 교류가 없었던 다른 부서 직원들과의 협업 DNA가 길러지게 되는 것이다. 실제로 네패스는 CoP를 크게 중시하여 고과 평가의 70%를 CoP를 통해서 한다고 한다.

2) 노래교실

네패스의 직원들은 출근과 함께 노래교실로 향한다. 한 달에 한 번이나 일주일에 한 번이 아닌 매일 하는 일이다. 출근하자마자 컴퓨터를 켜고 밀린 일을 시작하는 여느 회사와는 사뭇 다른 풍경이라고 할 수 있다. 몇 명이 모여서 그냥 마이크 잡고 노래하는 수준이 아니다. 성악 전공자와 반주자 14명을 특별히 채용해 전국 7개 사업장에 배치하고 그랜드 피아노와 고급 음향시설까지 갖추었다. 그렇게 매일 아침 8시 20분에서 8시 50분까지 전국의 사업장에서 동시에 음악교실이 시작된다.

1,000명의 직원이 하루 30분씩만 잡아도 500시간이며, 일주일이면 2,500시간, 한 달이면 1만 시간이다. 실제로 1만

시간을 급여로 환산하면 기업 입장에서는 당장 손해인 것이 당연하다. 뻔히 보이는 손실에도 불구하고 음악교실을 도입한 것은 이 프로그램이 감사의 마음을 키울 것이며 회사의 조직에 긍정적인 변화를 불러일으킬 것이라고 생각한 회장의 확신이 있었기 때문이다.

그렇게 해서 2006년부터 시작된 음악교실은 매일 아침 직원들의 감정을 행복하게 가꾸어 주었다. 가요, 동요, 가곡 등 장르를 가리지 않고 좋은 가사와 밝은 멜로디를 가진 100곡씩을 모아 5권의 음악책도 만들었다. 이러한 음악교실의 성과는 놀라웠다. 노래교실을 시작할 당시 800명 정도에 불과했던 직원 수는 2014년 기준 2,300명을 넘어섰고, 매출 역시 가파르게 상승했다. 한 달에 1만 시간, 지난 10년간 120만 시간의 손실을 본 것이 아니라 3배 이상의 인상적인 성장을 거둔 셈이다.

이병구 회장은 노래교실의 의미를 다음과 같이 말했다.

"우선 긍정적 에너지의 확산입니다. 밝고 활기찬 노래를 신나게 부르는 과정에서 생성된 긍정적 에너지가 직원들의 마음속에 남아 있는 부정적인 감정들을 해소해 줄 수 있습니다. 찌꺼기 감정이 남아 있지 않으니 하루를 상쾌하게 시작할 수 있고 일에도 몰입할 수 있는 환경을 제공해준 것입니다. 직원들의 내면에 긍정적인 에너지가 넘치고 자존감이 향상되면서 삶의 터전인 회사에 대해서도 신뢰와 애정을 가지게 된 것입니다."

사물과도 교감하는 감사경영

네패스는 감사경영을 사람 사이뿐만 아니라 사물에게도 적용하고 있다. 네패스 공장의 곳곳에는 기계에 '감사합니다' 라고 적은 스티커가 눈에 띈다. 이러한 기계에 대한 감사는 네패스가 해온 오랜 문화이며, 아주 큰 효과가 있음이 실증적으로 증명되었다고 한다.

예를 들어 휴대전화의 터치 패널을 제조하는 공정에 스퍼터(Sputter)라는 고가의 장비가 있는데 24시간 운용되니 종종 고장으로 큰 손해를 겪는 경우가 많았다고 한다. 이 문제를 해결하기 위해 아침마다 장비 그룹 직원들이 모여 스퍼터를 비롯해 각자의 장비 앞에서 '감사합니다!'를 크게 외치며, '고장 ZERO 감사합니다!', '가동 100퍼센트 감사합니다!' 라는 문구를 적어 장비에 붙여 놓았다.

이러한 활동은 당사들조차 예상하지 못했던 결과를 가져왔다. 한 달에 기계 당 10여건씩 발생하던 고장이 1건으로 확 줄어들었고, 그로 인해 매달 1억 5,000만 원 이상의 손실이 줄었기 때문이다. 감사진법을 장비에게도 적용하니 직원들이 기계를 회사의 소중한 자산으로 인식하기 시작하였고 한번 점검할 것을 두세 번 살펴보고 더 정성스럽게 기계를 다루게 되니 당연히 고장율이 크게 줄어든 것이다.

네패스의 이러한 사례에 영감을 받아 포스코(선재부 공장)와 동원산업(부산공장)에서도 작업 설비에 '감사합니다'의 문구를 붙이고 있다. 동원산업의 경우 이를 'Thank you machine' 이라고 부르는데 이 캠페인 이후에 안전사고는 물론 이직율까지 줄어들어 결과적으로 생산성이 크게 향상되었다고 한다.

네패스와 포스코의 사례 모두 직원들이 '감사합니다' 의 문구를 붙인 기계를 더 정성스럽게 관리하였으며 주변의 관심에 부응하기 위해서 더 열심히 보살폈을 가능성이 크다는 사실이다. 네패스의 337라이프는 관찰에 기반하며 적극적으로 표현하는 감사를 통해서 구체화 된다. 감사의 대상은 주변 동료에서 기계와 같은 설비로 확장되었다.

네패스의 김남철 부사장은 이렇게 자신의 경험을 말했다.

> "기업의 3대 자원은 사람, 장비, 재료입니다. 장비에 '넌 아프지도 않니?', '한결같이 일해줘서 고마워', '너로 말미암아 고객이 만족해서 감사하다' 등의 문구를 붙이게 했습니다. 처음에는 지시로 시작했지만 점차 직원들도 이러한 캠페인에 자발적으로 참여하게 되었습니다. 일례로 어떤 기계가 고장이니 직원들이 자발적으로 23장의 감사 메시지를 기계에 붙인 것을 발견한 적이 있습니다. 장비와 사람이 교감하게 되고 장비의 소중함을 알게 되니 모두가 주인의식을 가지고 기계를 살펴보게 된 것입니다."

감사경영이 생산한 놀라운 결과들

기업의 지속적인 성장을 이끌어내기 위해서는 혁신성과 창의성이 필요하다. 특히 네패스와 같이 빠르게 변화하며 경쟁이 극심한 IT 부품 시장에서의 혁신과 창의는 전사적으로 요구된다. 네패스의 감사경영은 설립자인 이병구 회장의 의지로 시작하였지만 기업 조직의 성장에 긍정적인 영향력을 발휘하면서 지속가능한 프로그램으로 자리를 잡을 수 있었다.

이병구 회장은 혁신과 창조는 창의성에서 나오고, 창의성은 독서와 토론을 통해서 계발된다고 말한다. 네패스는 독서와 노래라는 도구를 통하여 감사경영을 구체화하고 있으며 이를 통하여 직원들의 성장은 물론 전사적 차원의 창의력을 증진시키고 있다. 감사경영이 지속성장에 필요한 창의성과 혁신성을 제고할 수 있었던 이유에 대해 다음과 같이 설명한다.

> "성장의 디딤돌은 감사의 동사화를 통해서 나옵니다. 혁신과 창의가 발현되면 가치를 창출하고 지속성장이 됩니다. 우리가 '혁신을 해라, 창조를 해라' 라고 말해도 소통이 잘 되지 않으면 소용없습니다. 소통을 잘 하려면 마음을 돌려놔야 하는데, 즉 감사가 동사화가 되어야 한다는 겁니다. 혁신과 창조는 기본적으로 창의성에서 나옵니다. 근데 창의성은 관찰의 힘이 있느냐 없느냐에 달려 있습니다. 독서와 토론에서 창의성이 나오고 스트레스가 없는 상태에서 창의성이 나옵니다."

감사경영이 창의성으로 나타난 사례는 네패스의 제안제도에서 찾아볼 수 있다. 네패스는 직원들이 제안한 아이디어들에 그 혁신성과 가치에 따라 제일 높은 S등급에 이어 A, B, C, D 등급으로 나누어 평가하고 그 결과에 따라 시상을 한다. 그중 제일 높은 S등급의 경우에는 연간 최소 3,000만 원 정도의 원가를 절감할 수 있는 아이디어이다.

그러나 처음 제안제도를 실행했을 때는 제도 자체가 별로 활성화되지 못했다. 경영진에서 독려해보기도 했지만, 시간을 쪼개서 해야 하는 직원들 입장에서는 쉬운 일이 아니었다. 제안된 아이디어도 대부분 C, D 등급들 뿐이었고, 숫자도 많지 않았다. 게다가 S등급은 한 번도 나온 적이 없고, A나 B등급도 기껏해야 1년에 한두 차례 나오는 것이 고작이었다. 회사 내부에서는 별로 실효성도 없는 이런 제도를 유지해야 하는가에 대한 회의감이 나타났다.

그런데 어느 순간부터 이 제안제도에 변화가 나타나기 시작했다. A, B 등 높은 등급의 아이디어가 5배 이상 증가했고, 최초로 S 등급 아이디어가 탄생했다. 얼마 지나지 않아 S 등급 아이디어가 단기간에 5건이나 쏟아져 나왔다. 그것도 단순히 연 3,000만 원 절약 수준이 아니라 최소 1억 원에서 최대 3억 원을 절약할 수 있는 아이디어들이었다.

경영진은 한 때 폐지 여부까지 고민하던 이 제도가 갑자기 활성화된 원인에 대해 파악해보았다. 그 원인을 찾던 중 제안이 급등한 시기와 감사 훈련이 활발해지기 시작한 시점이 상당히 일치한다는 사실을 알게 됐다.

감사는 관찰력을 높여주어 본질을 통찰하는 힘을 길러주기 때문에 제안제도를 활성화시킨다는 점에 주목하게 되었다. 창의성은 두뇌의 영역이기도 하지만 사람들의 마음과도 밀접하게 연관되어 있다는 사실을 알게 됐다.

제안제도 성공의 열쇠는 자발성이다. 감사훈련은 제안제도를 활성화 할 수 있는 조직문화를 만들어 내는 데 기여했다. 회사에 감사하고, 서로에게 감사하니, 그 감사에 보답하기 위해 더 많은 제안을 하게 된다. 또 그것이 설사 미숙하더라도 상대방은 좋은 제안을 줘서 감사하다고 인사한다. 이러한 마음가짐은 '내 제안이 남들의 비웃음을 사면 어떻게 하지?'라는 걱정과 불안을 줄여주어 또 다른 제안을 할 수 있는 용기를 준다. 더불어 자신이 주변에 선한 영향력을 미쳤다는 생각에 자기충전이 된 느낌마저 갖게 한 것이다.

[그림-2]에서 이러한 관계를 종합적으로 보여주고 있다. 즉 네패스의 감사경영은 높은 조직만족도와 고객 만족도, 낮은 설비 고장율의 원천이 되며 이것은 기업의 자율성과 창의력을 증진하여 결과적으로 성과에 긍정적인 영향을 미친다는 것이다.

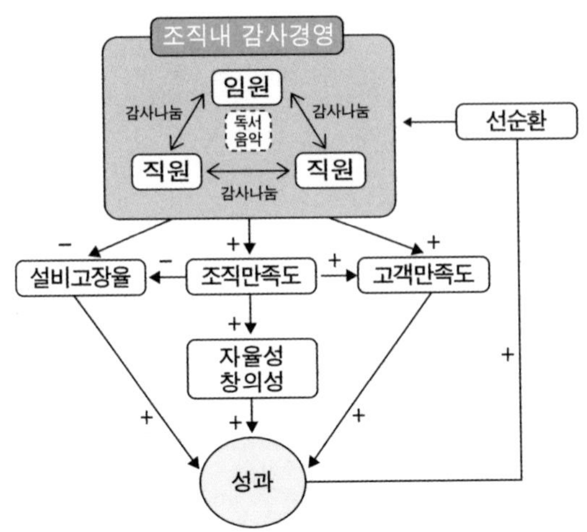

[그림-2] 감사경영의 구조와 기업의 성장과의 연결 고리

지경을 넓혀가는 감사경영

감사경영은 일견 단순해 보이지만 사람, 제품, 성과를 연결하는 하나의 정교한 경영 철학이자, 기업에서 20여년 가까이 적용되고 다듬어져 오면서 검증된 현장 기반의 경영 체계이다. 네패스의 감사경영은 기독경영의 사례로서도 의의가 크다. 네패스는 성경의 핵심가치인 '감사'를 경영에 적용하여 긍정적 성과를 보여주고 있다.

네패스의 사례는 기업가의 성경적 가치관과 철학이 경영에 올바르게 적용되면 좋은 기업문화를 구축할 뿐만 아니라 경영성과에도 긍정적 영향을 미치고 있음을 실증적으로 보여주고 있다. 감사를 뜻하는 영어 단어 gratitude는 호의(favor)를 뜻하는 라틴어 gracia와 기쁘게 함을 뜻하는 라틴어 gratus에서 유래한 것으로, 이 라틴어 어원에서 나온 모든 파생어는 친절, 관대함, 선물, 주기와 받기의 아름다움, 아무 대가 없이 무엇인가를 얻는 것 등과 연결되어 있다. 심리학이나 사회학에서도 감사에 대한 연구를 통하여 다음과 같은 결론을 제시하고 있다.

첫째, 감사는 행복감, 자부심, 낙관성, 순조로운 대인관계, 공동체 의식, 심리적 안녕감을 증진시키는 데 도움이 된다. 즉 감사한 감정은 개인에게 긍적적인 영향을 미침은 물론 개인이 속한 조직과 국가 및 사회에도 도움이 된다는 것이다.

둘째, 감사성향은 정성적인 개념이지만 정량적으로도 측정이 가능하다는 것이다. 즉 감사는 강도, 빈도, 범위, 밀도의 네 개의 차원에서 관측이 가능하다. 감사하다고 느끼는 감정은 미묘한 심리적인 느낌이지만 이를 다차원에서 접근이 가능하다고 분석하여 계량 연구의 가능성을 열었다.

셋째, 조직원들의 감사 감정은 외부의 프로그램을 통해서 계발 및 발전이 가능하다. 선천적이거나 종교적인 이유로 긍정적인 사람이 감사의 감정을 많이 느끼지만 그렇지 않은 사람도 교육과 제도를 통해서도 감사의 마음을 갖는 연습이 가능하다는 것이다. 이를 감사 증진 프로그램이라고 하는데 잘 조직화된 감사 프로그램에 참여하는 것만으로도 감사의 감정을 실제로 경험하며 개인의 생활도 실제로 변화될 수 있다는 연구결과도 있다.

기존 관계 경영학 및 긍정 심리학에서 인간 중심 경영의 중요성을 강조하여 왔다. 그러나 대다수 우리나라의 기업들은 단기성과를 제고하기 위해서 상명 하달식 경영과 인센티브를 통한 통제에 더 익숙해져 왔던 것이 사실이다. 특히 성과 중심의 조직문화는 구성원간의 관계자산을 약화시켜 조직만족도 저하, 소통의 약화, 이직률 증가 등의 부정적 결과를 초래해 왔다. 대기업에 비해 상대적으로 물질적 보상이나 복지 수준이 부족한 중소 및 중견 기업들은 인적 자원 유출로 인한 경쟁력 약화 등의 어려움을 겪어왔다. 이러한 현실에서 네패스의 감사경영은 많은 시사점을 제공해 주고 있다.

네패스의 감사경영은 구호나 캠페인에 그치는 것이 아니라 337라이프, 독서토론, 노래교실 등을 통하여 구체적인 실천 방안을 제시하는 현장 중심의 경영 프로그램으로서 의미가 있다. 특히 감사 어플리케이션은 타기업들이 쉽게 응용하여 발전시킬 수 있으며 업계의 표준 경영 프로그램으로 발전할 수 있는 잠재력이 있다. 네패스의 감사경영은 기독경영의 사례로서 의미가 있을 뿐만 아니라 경영 일반에도 적용할 수 있는 확장가능성 높은 경영이론으로 발전될 수 있음을 시사하고 있다.

Good Business

코람데오의 경영으로 미래를 이끄는 세진테크

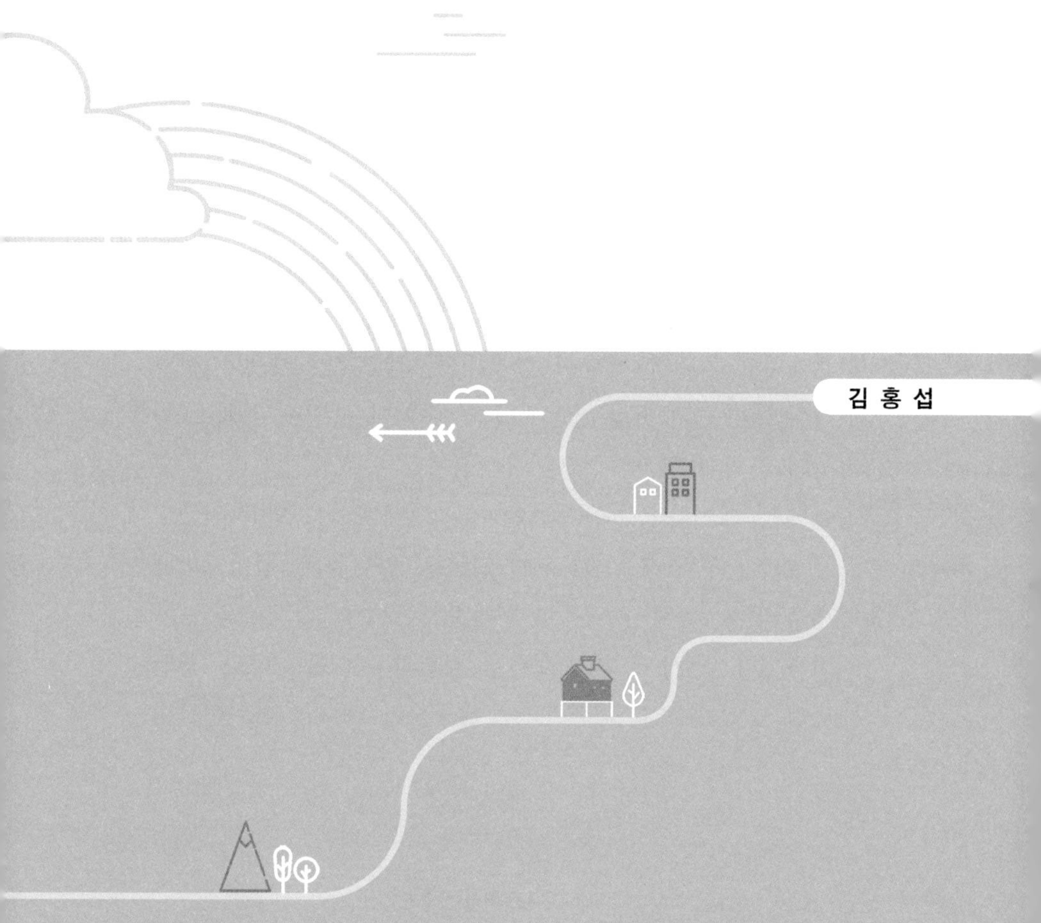

위기의 순간을 창업으로 도약한 이갑현 대표

어린 시절 이갑현 대표는 전통적 유교 가정에서 태어났고 부모님의 엄한 가르침을 받고 자라왔다.

유교의 기본 가르침은 3강 5륜이다. 상하간의 질서와 예의, 그리고 지시와 복종이 강조되는, 권위적인 자세와 생활방식이 기본 흐름이라 할 수 있다. 그러다 우연한 기회에 기독교의 불빛과 향기가 소년 이갑현에게 비추게 되었다. 유교 집안에서 태어나고 교육을 받아온 그에게 국민학교(지금의 초등학교) 5학년때 성탄절에 영등포 양남동의 신정교회에 가게 되었다. 목사님 권유로 처음으로 교회학교 생활을 하기 시작하였다. 당시 교회는 새로운 경험과 지식을 제공할 뿐만 아니라 맛있는 빵과 과자 등이 제공되어 다수의 어린이들이 교회에 나가게 되는 중요한 계기가 되었다.

유교 집안에서 태어나 초등학교 시절 잠깐 교회에 나갔으나 중학교부터는 신앙생활에 관심이 적었고 장기간 신앙과 멀어진 방학 상태로 지냈다. 이후 1981년에 아내와의 결혼을 계기로 신앙 생활을 회복하였다. 모태신앙인 아내의 권면으로 장로교회인 영은교회(영등포구 양평동)를 다니기 시작하였다. 1983년 8월 28일 비로서 세례를 받고 교회생활에 열심히 참여하였다.

이 사장의 이런 신앙생활에의 적극 참여는 어린 시절 체험한 다양한 기독교적 가르침과 믿음의 뿌리가 남아 있다가 결혼생활과 더불어 새롭게 활짝 피어나게 된 것으로 보인다.

이 사장은 교회에서 남선교회 활동 및 봉사 등을 열심히 참여하고 믿음생활을 성실히 감당하게 되어 2000년 4월 23일에 집사 안수를 받게 되었다. 이후 신실한 신앙생활과 사업에서의 발전 및 가정생활에서의 축복 등으로 교회에서도 영향력이 커지게 되었으며, 헌신적인 교회봉사와 믿음생활로 인해 하나님과 주변의 인정을 받아 2010년 4월 18일에 장로로 피택을 받았다.

현재 시무장로로 관리분과 위원장(2017~2018) 및 선교분과 위원장(2019~현재)으로 섬기고 있다.

평범한 직장 생활을 하던 이 사장이 새로운 창업을 하게 된 데에는 남다른 계기가 있었다. 오랫동안 직원으로서 직장생활을 하던 직장(이화정밀기계)에 위기가 오고 마침내 대내외 어려움으로 부도(1991년 5월)를 맞게 되어 정리하게 되었다.

새로운 회사를 물색하여 새 직장을 구하려던 참에 전 직장의 기술 파트너 회사였던 일본 MATSUSHITA SCALE 임원이 한국 내 제품 사후관리와 한국 시장 판매유지를 위해 한국 파트너사가 필요하다는 말을 하였다. 평소 신뢰하며 성실함을 보아 왔던 이갑현 사장과 연결되어 한국에서의 사업을 유지, 발전시키고 싶다는 요청을 하며 창업을 권유하였다.

이 사장은 일본 파트너의 제안과 향후 협업 등을 고려하여 1919년 9월에 창업을 결심하게 된다. 즉 이사장의 성실하고 신뢰감을 주는 직장 생활과 탁월한 능력, 향후 발전 가능성 등을 중요하게 평가한 일본 파트너의 제안과, 본인의 두렵지만 도전하고 싶은 결단으로 창업을 하게 된 것이다.

이갑현 사장은 회사를 시작하면서 가장 중요한 회사명을 하나님의 자녀로 세상의 빛과 소금 역할을 하는 회사가 되는 것이라 생각하였다.

이를 위해 많은 기도와 생각 중에 회사의 사명(社名)으로, 세계로 진출하는 진취적인 기상과, 향후 세계적인 기업을 목표로 '세진(世進)'이란 이름을 지었다. 거기에 일본 파트너 임원이 일본 내 TECHNOLOGY란 이름의 회사명이 유행하던 시기라 TECH란 이름을 추천하기에 이를 수용하여 회사 이름을 세진테크(SEJIN TECH)로 명명하고 회사를 시작하게 되었다.

이갑현 사장은 창업을 통해 기업을 시작하고 맨 먼저 회사를 하나님은 은혜와 축복으로 시작하고 경영하기를 기도했다. 이를 위해 직장 내에 예배와 성경적 경영의 분위기 조성이 필요하다고 느꼈으며, 이를 위해 먼저 매주 첫날 월요일을 기도와 예배로 시작하기로 작정하였다.

기도와 말씀과 예배로 시작한 한 주간을 회사의 모든 현장에 참여한 임직원들과 함께 하고, 말씀을 묵상하여 한 주 동안 마음과 자세를 바르게 하며, 성실한 근무를 위해 노력하는 훈련을 지속하게 되었다. 특히 경영과 비즈니스 현장에 성경적 경영을 도입하고 확장하는 것을 목표로 열심히 활동하는 기독실업인회(CBMC: Connecting Business Marketing place to Christ)에 참여하기 시작하였다.

이 사장은 CBMC 인천 비전지회(2008~2010)회원으로 참여하여 기업 경영에 성경적 원리가 없을까 하는 기대와 관심으로 열심히 모임에 출석하였다. 비전지회에서 인천의 남동공단에 많은 기업인들을 섬기고 성경적 원리를 탐구하기 위해 남동공단 내 제조업체 CEO와 전문인을 위해 CBMC 지회를 창립하자는 움직임이 생겼다.

직장 일터사역으로 하나님나라를 확장하기 위해 CBMC 남동공단 지회 창립을 위한 기도회를 시작하여 동역자로 최평국, 김지호, 조익길 사장 등이 참여하여 3년 간 준비하였다. 기도와 말씀 공부로 회원을 배가하고 팀웍을 강화하여나갔다. 남동 국가산업단지에 인천상공회의소 교육장을 예배 장소로 협조 받아 2010년 10월에 초대 회장으로서 창립 감사

예배의 열매를 맺게 되었다. 그후 현재까지 5대 회장을 이어오면서 회원들의 수준도 질적 양적으로 배가되는 성장을 이루어 이 모든 것으로 부흥케 하여 주신 하나님 은혜에 감사를 드렸다.

이갑현 사장은 회사 경영은 물론 관련 사회, 경영 단체에도 적극 참여하여 (사)한국포장기계협회 이사(2008~2013) 및 수석부회장(2013~2014)으로 활동하여 왔다. 사회 봉사와 구제활동에도 참여하여 다양한 봉사활동에 헌신하였다. 특히 (사)영등포 기아대책이사회(2017~현재) 이사와 임원 활동에 참여하여 왔다. 직접 사업과 관련하여 인천 남동구청의 자동차 기계 미클 회장(2017년 ~현재), 한국산업단지공단 인천지역본부 산업기계부품 미클 회장(2019년 2월~현재)으로 봉사하고 있다.

미션을 품었더니 성과로 돌아오다

세진테크(주)는 미션(MISSION)으로 '포장분야를 선도하는 기업으로 인류에 유익함을 주며 하나님이 기뻐하시는 일에 앞장선다'로 정하고 현재까지 소명을 다하고자 노력해오고 있다.

비전(VISION)은 '하나님의 영광과 기뻐하심을 지향하여 모든 경영과 의사결정을 진행하며, 사람의 고용, 인사관리 및 물품의 연구와 생산, 재무관리와 회계 등 정보 관리 등에서 이를 실현하고 구체화하는 활동을 하며, 선교적 사명을 감당한다.'로 정하고 있다.

세진테크(주)는 우리나라 중견 포장 및 유통 기업으로 성장세를 지속해오면서 하나님의 영광과 기뻐하심을 지향하며 모든 경영과 의사결정을 진행한다. 특히 사람의 고용, 인사관리 그리고 물품의 연구와 생산, 재무관리와 회계 등 정보관리 등에서 비전을 실현하고 구체화하는 활동을 진행해 오고 있다.

대내외 고객에게 신뢰 받는 기업으로 성장하기 위해 세진테크는 비전을 실천하는 구체적 실천 사항으로 다음의 4가지를 정하고 모든 임직원이 뇌리에 새기고 모든 일을 할 때 행동과 결정의 기준으로 삼고 있다.

[실천사항]

1. 세진테크(주) 임직원은 고객의 요구사항을 잘 이해하고 친밀한 관계를 형성한다.
2. 고객들에게 최고의 품질과 최상의 가치를 제공하는 데 있다.
3. 협력업체들과 신뢰를 주는 지속적인 동반관계를 가지도록 한다.
4. 세진테크(주) 임직원은 고객과 협력업체들에게 신뢰를 바탕으로 정직하며 성의 있는 태도로 임해야 한다.

먼저 제일 중요한 것으로 고객의 요구(needs)와 필요(want)를 지향하며 그 내용을 잘 파악하여 좋은 제품과 서비스를 제공하는 것을 우선적 목표로 삼는다. 경영과 업무 진행에서 쌓인 바르고 정당한 제공자 — 수요자(supply-demand)관계는 경영의 근간이며, 이를 통해 친밀하고 신뢰할 관계를 형성한다.

둘째, 고객에게 우리 기업이 할 수 있는 최고의 품질과 최상의 가치를 제공하여 고객을 만족시키는 일을 실천사항에 넣는다.

셋째, 협력업체와 오랫동안 믿을 만한 지속적 동반관계를 구축하고 이를 확장 심화하는 노력을 지속한다.

넷째, 세진테크의 임직원들의 심적 자세와 삶의 태도에서도 고객과의 신뢰를 바탕으로 정직한 삶을 살도록 노력하며 모든 일에서 성실함을 근간으로 한다.

선교적 사명에 있어서는 선교를 먼저 제시하지 않고 건강하고 합리적이며 성경적 경영을 하면 탁월한 성과를 낳게될 것이며, 그 열정과 성과를 통해 복음과 선교를 위해 교회를 개척하고 하나님 나라 확장과 형제 사랑의 실천을 위해 약자와 사회저변을 돕는 사역을 담당해 오고 있다.

즉 선교적 사명의 수행을 위해 〈개척교회 및 농어촌교회(2개소) 선교사 후원〉, 〈기아 대책 결연아동 정기적 후원 : 5년 지속 후원〉 등의 선교와 전도, 그리고 사회 구제 사업을 추진해 오고 있다.

제품의 경쟁력을 갖추기 위한 노력으로는 다음과 같다.

지속적인 품질 향상과 끊임없는 기술개발(연 매출의 4~7% 투자) 혁신을 계속하여 회사 내 발명특허, 실용신안 등 10종류 제품의 특허를 획득하였으며, 기술의 차별화를 이루며 신규제품 개발에 매 2년마다 1~2종류의 제품개발과 중장기적 제품개발을 수립해 나간다.

핵심적인 경영전략은 차별화하는 제품개발이 우선이지만 기존 고객관리의 신뢰도 중요하므로 기존 납품 포장기계와 계량기 시스템 설비들을 사후관리에 있어서 최우선으로 신속하게 대응하는 회사 내부체제를 갖추며 임직원 대다수가 A/S에 대응(24시간내 처리목표)할 수 있도록 준비되어 있는 회사로, 고객이 신뢰하여 재구입하는 선순환되는 회사가 되어 지속적인 경영을 구축하는 전략이다.

세진테크의 경영 전략은 다음과 같이 정리할 수 있다.

1) 경쟁력 상품 개발과 차별화 제품

92년부터 현재까지 생산한 품목 가운데 경쟁력 상실 제품 및 부가가치가 적은 품목은 생산을 가능한 하지 않는 방향으로 정하였다.

경쟁력 상실 생산품 대신 대안으로 매년 2~4종류의 완제품 상품을 개발하였는데 개발제품이 시장에서 성공률은 30%를 유지하기 힘들었다.

매년 개발비 투자는 매출액의 4~7% 정도로 국내 경쟁업체와 가능한 중복 제품 및 복사 제품은 생산하지 않는 방향으로 하였다. 결국 차별화 제품 및 품질이 우수한 제품만이 시장 경쟁력을 키워 기업을 유지할 수 있었다고 생각한다.

지금은 품질 경쟁력을 갖고 차별화된 제품으로 주력하여 국내 1등 제품으로 효자 품목이 되었다.

(1) 미곡 전자동 계량 소포장기 : (SP-10 : 1kg~10kg 360백/시간. 파우치 소포장. SINGLE TYPE). 1994년부터 생산. 국내 65% 이상 시장 점유(약320대. 미곡종합처리장(RPC)농협, 도정공장, 유통센타 등 납품)

(2) 미곡 전자동 계량 소포장기 : (SP-10D : 1kg~10kg. 600백/시간. DOUBLE TYPE. 포장단위별 가변슈트 특허) 2014년 제품개발 한국 독점생산제품. 50여대 납품 사용 중.

(3) 브랜딩 계량기 : (7톤/시간, 12톤/시간) 연속 유량계 및 배합 계량기. 출하량 제어 사용. 2005년 제품개발 생산. 국내 독점. 농협 및 도정 공장 80여대 사용 중.

(4) 진공 탈기 분체 충진기 : 10g~500g/ 1kg/2kg, 5kg~30kg/백. 2003년 제품 생산. 일본 기술 제휴 수익 우선 및 내실을 기하여 안정된 기업으로 거듭나고 있음.

2) 마케팅 · 홍보

(1) 매년 국내 전시회 ; SEOUL FOOD 전시회(매년 5월 중) 참가 : 6부스 이상

(2) KOREA PACK 전시회(격년제 4월~5월 중) : 14부스 이상 참가

(3) BUSAN FOOD 전시회(매년 6월 중) : 4부스 이상 참가

(4) 농업 국제 박람회(매년 10월 중) : 2부스 이상 참가

(5) 해외 전시회 : CICAGO PACK OR LAS VEGAS SHOW (매년 10월) : 미국 AGENT 4부스 이상 참가

(6) PROPACK VIETNAM/ 호치민 포장전시회(매년 3월 중) : 2부스 이상 참가

(7) PROPACK ASIA(태국 방콕 충진, 가공, 포장산업 전시회)(매년 6월 중) : 2부스 참가

(8) 해외 시장 개척단 참가 : 태국, 미얀마, 러시아, 일본, 인도, 인도네시아 연 2회 방문 상담회 참가

(9) 해외 지사화 사업 적극 참여 : KOTRA 국가별 참여: 매년 2~3개국 이상 지사화 AGENT 발굴, 중진공 인큐베이타 베트남 호치민 사무소 개설 신청 중

(10) 유튜브 게제: 홍보 제품 영상(월 1회 UP LOAD)

(11) 중진공 지원 수출 바우처 사업 적극 활용

(12) 회사 홈페이지 2년마다 리뉴얼 작업 회사 홍보

3) 투명한 재무. 회계

(1) 매년 재무건전성 유지 관리 체제 : 기업 신용등급(우리은행 남동공단지점) : BBB+

(2) 부채비율 35% 유지(차입 억제 경영). 현금흐름 양호 CR2 이상 유지

(3) 매년 매출 5~10% 신장율, 경상이익 : 7% 이상 목표 관리체계

구분	매출	수출액
경상이익		
2016년	53억 6천만원	$70만
6천 1백만원		
2017년	49억 7천 5백만원	$11만
1억 6백만원		
2018년	56억 8천만원	$169만
1억 5천만원		

강점과 약점, 그리고 기회와 위협

1) 강점

(1) 오랜 경험과 높은 기술력

세진테크는 회사가 창업 이래 우리나라 계량 포장분야의 전문 기업 및 전문 기술 분야 선두주자로서 오랜 경험을 축

적해 왔으며, 이 분야에서 높은 기술력을 갖춘 기업으로서 명성과 전통을 유지하고 있다. 오랜 경험으로 인한 충분한 기술과 위기 상황에 대한 대처 능력과 정확한 기술적 대응에 강점을 갖고 있다.

(2) 투명성과 정직성

세진테크는 동종 산업에서의 오랜 경험과 아울러 경영과 사업의 성과나 주요 정보 등이 투명하게 공개되고 내외적으로 정직한 경영을 유지해 오고 있다. 투명경영은 구성원들의 협력과 헌신적 참여 등에서 중요한 요인이며, 사장을 포함한 경영진과 전 구성원들의 행동에서 정직성을 강조하고 실천한다는 것은 큰 강점이며 내외부의 충격과 영향에도 강하고 견딜 힘을 준다고 할 수 있다.

(3) 고객과의 높은 신뢰

세진테크의 주요 고객은 개인이라기보다는 회사나 단체가 중심이며, 주로 중소기업과 중소 상인, 유통점 등이다. 따라서 다수의 일반 대중보다는 산업마케팅이나 오늘날의 B2B 성격이 강한 형태라 할 수 있다. 이런 시장환경에서는 거래 쌍방의 높은 신뢰수준과 오랜 거래로 인한 우호적, 또는 상호 보완적 신뢰관계가 중요하다.

(4) 임직원의 주인의식과 장기근속자들의 높은 공헌의지

임직원의 주인의식과 참여도가 높으며, 직원들의 근무연한

이 높다. 특히 평균 15년 이상의 장기 근속자가 많아 높은 조직몰입도와 공헌의지를 확인할 수 있으며 이는 큰 회사의 강점이라 할 수 있다.

⑸ 신제품 및 제품의 탁월성과 신속한 납품과 사후관리

고객의 입장에서 높은 사후관리와 신속한 대응 체제가 큰 강점이다. 식품포장기계 제조 후 납품되어 사용 중인 제품들의 신속한 사후관리 대응체제가 잘 되어서 타사보다 매우 경쟁력이 높은 편이다.

특히 세진테크(주)의 집약적인 기술력을 바탕으로 독점 생산품목(전자동 계량 소포장기 : 싱글, 더블(특허제품), 브랜딩 계량기, 탈기 충진기) 등 제품의 탁월성이 강점이며 이로 인한 지속적 경영에 유리하다.

⑹ 재무 건전성과 안정적 자산 구조

안정적인 경영과 상대적으로 높은 자기 자본 비율과 낮은 부채비율(35% 이하)로 기업의 재무 건전성이 높은 상태이다. 지나치게 도전적이거나 타사업으로의 무리한 확장을 지양하고 안정적인 경영을 지향하여 재무안정성을 유지하고 있다.

2) 약점 (weakness)

(1) 중소기업으로서의 재무 등 한계

세진테크(주)는 중견기업으로 나름대로 이 분야에 경쟁력을 갖고 있으나 만일 거대자본이나 고도의 기술력 있는 기업이 도전해 온다면 쉽지 않는 경쟁이 될 것이다. 중소기업으로서의 자본규모와 재무능력의 한계는 늘 약점으로 작용할 수 있다.

(2) 과당 경쟁

포장 시장의 과당 경쟁은 이 분야 참여자들에게 늘 약점과 부담으로 작용하게 된다. 꾸준한 경영쇄신과 합리적 경영 그리고 비용절감과 가격 경쟁력의 확보는 이 과당 경쟁에서 이기는 기본 전략이자 원리일 것이다.

(3) IMF 사태 등 외부요인에 노출

우리나라의 IMF 관리 상태인 1998년 초에 세진테크에서 매출채권의 회수에 어려움이 있어 기업의 재무위기에 처한 적이 있었다. 물론 IMF란 특수한 한국경제의 환경에서 세진테크가 산업기계분야 제조 및 엔지니어링 활동을 하면서 공장 PVC PIPE 제조 설비로 약 5억원의 TURN KEY 방식의 PROJECT를 진행하였다. 이때 선수금으로 받은 어음이 부도나서 제작설비가 납품되지 못하고 설비를 고철덩어리로 매각할 수밖에 없어 큰 손실을 떠안게 되었다. 재정적 어려움으로 회사를 정리하는 방법밖에 다른 방법이 없던 난감한 상황을 겪은 바 있다.

3) **기회** (opportunity)

(1) 선점 기업으로서의 우위

세진테크(주)는 포장업계에 비교적 먼저 진입하고 선제적으로 자동화, 첨단화함으로써 여타 기업보다 유리한 비교우위를 선점할 수 있었다. 이를 통해 고객과의 우호적 관계를 유지하고, 시장에서의 비교우위를 유지해 나가며 성장세를 지켜나갈 수 있었다.

(2) 필수적인 수요의 상존

포장은 산업재 서비스로서 반드시 필요한 사업영역이라 할 수 있다. 시장 여건에 따라 포장의 방법이나 재료 등 변화가 예상되나 포장서비스는 필수적 사업으로 최소한의 수요는 상존하고 있다.

(3) 동종업계에서의 선 자동화와 시스템화

세진테크(주)는 비교적 선제적으로 자동화와 시스템화를 도입, 확장함으로써 해당 시장에서의 우위를 유지할 수 있었다. 기회의 적기 포착으로 경쟁력을 유지하고 확장할 수 있었다.

4) 위협 (threat)

(1) 포장환경의 변화

다양한 분야에서의 사회적 욕구와 소비 심리의 변화는 포장환경도 변화하게 한다. 환경보호나 여타 녹색 가치의 확산, 편리성과 간편성의 추구 등 욕구 변화는 포장사업에도 여러 가지 변화를 야기할 수 있을 것이다.

(2) 신기술의 빠른 변화와 도입

새로운 기술의 빠른 변화는 산업의 전 분야에 새로운 도전을 주며 신속한 대응만이 시장에 살아남을 수 있다. 포장 분야에서도 새로운 기술의 변화는 안정적이고 안일한 경영에 중대한 위협이 될 것이 분명하다.

(3) 과당 경쟁

시장에서의 과당 경쟁은 늘 새로운 위협요인으로 작용한다. 이익이 생기는 사업이라면 누구든 뛰어들 수 있다.

(4) 비교적 낮은 진입 장벽

포장 사업은 거대한 자본과 장치가 필요한 사업이라기보다 비교적 적은 자본으로도 진입이 가능한 분야라 할 수 있다. 이는 늘 위협요인으로 작용할 것이다.

경영 속에 녹아든 이갑현 대표의 하나님

성경적 경영을 통한 경영의 쇄신과 코람데오의 경영을 위해 이갑현 사장은 다음과 같은 결단과 경영 방향을 설정하고 실천해 나아가고 있다.

- 하나님을 경외하며 그리스도의 인격을 닮아가도록 하며 기도한다.
- 모든 면에서 정직성이 바탕이 되어야 상호 존중과 신뢰가 형성되어 신속하고 훌륭하게 운영될 수 있다.
- 자금 및 회계처리는 투명함을 원칙으로 해야 한다.
- 제품 차별성 및 직원 차별성도 필요하며 내부 경쟁을 통한 발전을 유도한다. (전문직 및 기술직은 복수인원을 형성하여 대체할 수 있도록 한다.
- 조직의 상호 신뢰 가운데 수평 문화를 형성하며 내부 커뮤니케이션이 활성화하도록 한다.
- 기업은 연속성 관계로 인재를 육성하며 공정하게 능력 있는 직원을 개발한다.
- 리더와 경영자 재목을 보며 5년, 10년 후를 내다보며 육성하도록 한다.
- 부채 비율을 최소화(50% 이하)하며 현금 유동성을 최대한 높인다.

IMF 등 절체절명의 위기와 난관의 상황에서라도 회사만은 살려야겠다는 굳은 의지와 믿음으로 이갑현 사장은 과감하고 중대한 의사결정을 하기에 이르렀다. 자금상태의 회복을 위해 소유한 집을 매각하고, 남동공단 자가 공장 대지가격 상승분을 담보로 자금회전을 적기에 대처하여 일단 위기를 넘길 수 있었다.

이때는 이 사장은 오로지 기도하며 하나님만 의지하였다. 말씀에 집중하며 기도와 예배를 통해서 위로받으며 인내로 극복하였던 지난 고난의 기간이 오히려 감사와 성찰의 시간이었다.

하나님의 은혜로 위기를 잘 감당할 수 있음을 이 사장은 믿고 결단하고, 감당할 만큼의 역경을 주신 날들로 위기 극복의 토대가 되게 하신 하나님 사랑에 감사를 드렸다. 이런 어려움을 겪었던 경험들이 임직원 모두에게 큰 자산과 믿음의 기회가 되었으며, 향후 회사가 성장하고 위기를 능동적으로 대처하여 지속경영의 디딤돌이 될 수 있었다.

매우 힘든 시기에 직원들의 구조조정도 일체 하지 않고 긴축하여 어려움을 극복하면서 주님께 기도하며 목사님의 말씀에 위로와 힘을 얻어 인내하며 운영해 나갔다.

> "가장 힘들고 어려운 순간에도 예수님 믿는 신앙을 지키며 어떤 경우라도 절망하지 말고 예수님을 신뢰하고 믿어야 합니다."

이 사장은 시편 23편 4절 '내가 사망의 음침한 골짜기로 다닐지라도 해를 두려워하지 않을 것은 주께서 나와 함께 하심이라 주의 지팡이와 막대기가 나를 안위하시나이다' 말씀을 묵상하며 자신을 매일 부추기며 힘을 얻었다.

이런 시련의 기간에도 정부의 중소기업 기술 혁신 개발제품의 지원 제도를 잘 활용하고 해외 수출 시장 개척도 적극적으로 진행하여 안정을 찾아가기 시작했다.

특히, 98년 말에 목사님 주일 설교에서 '앞으로는 전통적 학문과 전통적 지식이 아니라 기술특허와 데이터베이스, 실용지식, 고객 서비스 노하우 같은 현장 경험이 가치가 있을 것이다. 이러한 경험을 개발하고 혁신하여 부가가치를 높이는 사람의 지식, 그것이 21세기 실용적인 지식이며, 새로운 지식 사회로 새로운 패러다임을 추구하여 살아가야 한다.'의 말씀이 마음에 닿았고 앞으로 준비해서 실천해 나가겠다고 다짐했다.

이갑현 사장은 위기를 통한 경영의 새로운 깨달음과 나름대로 터득한 경영에의 경험과 함축을 다음과 같이 정리하고 있다.

- 기업은 변화에 민감하며 경영자는 끊임없이 평가하며 지도하고 자신감을 구축하는 기회를 삼아 회사 및 직원 수준을 향상시켜 나아가야 한다.
- 경영자는 직원에게 비전을 이해할 수 있도록 하며 비전으로 살아가도록 일사불란하게 한 방향으로 나아가게 한다.
- 리더는 긍정적 에너지와 낙관적인 생각이 전 직원의 피부까지 침투하도록 해야 한다.

- 경영자는 인기 없는 결정을 내리는 용기와 배짱 두둑한 결단력이 있어야 한다.
- 리더는 위험을 감수하고 그것을 통해 배우는 데 모범이 되어야 한다.
- 승리의 기쁨을 직원들과 함께 축하하라.

"고난의 골짜기는 사람을 깨끗하게 만들고, 겸손하게 만들며, 성숙하고 강하게 만든다."

코람데오의 경영으로 미래를 이끌다.

사람은 하나님의 섭리로 창조되어 이땅에 소명을 받고 주어진 나라에 보냄을 받았다.

그리고 우리의 노력과 땀을 통해 하나님의 창조섭리를 이루어가고 완성해 가며 궁극적으로 하나님께 영광을 돌리는 삶을 살아간다. 개인의 삶이 그러하듯 기업경영과 국가의 경영도 동일하다.

이갑현 사장은 이런 경영의 과정에서 성령님의 인도하심으로 나름대로 기업을 성공적으로 유지하고 경영해 오며 말씀 속에서 중요한 깨달음을 얻게 되었다.

"하나님은 고난의 구름속에 영광의 무지개를 감춰두셨습니다.
'내가 무지개를 구름속에 두었나니 이것이 나의 세상과 언약의 증거니라'(창9:13)

우리가 살다보면 우리 인생에 먹구름이 낄 때가 있습니다. 그러나 그때 우리는 그 구름속에 있는 무지개를 볼 수 있어야 할 것입니다. 하나님이 바로 구름 속에 무지개를 걸어 두셨기 때문입니다."

하나님은 돈이나 방법을 찾지 않으시고 진심으로 하나님을 추구하는 사람을 찾으신다.

이갑현 사장은 다음과 같이 말한다.

"우리는 씨앗을 심고 물을 줄 수는 있습니다. 그러나 우리가 그 씨앗이 자라는 것까지 보장할 수는 없습니다. '나는 심었고 아볼로는 물을 주었으되 오직 하나님은 자라나게 하셨나니(고전3:6)' 라고 하셨습니다.
씨앗이 자라는 것은 우리에게 속한 영역이 아닙니다. 그렇기 때문에 우리는 맡은 일에 최선을 다하되 그 결과는 하나님께 맡길 수 있어야 합니다.
혼자서 계획하고 혼자서 꿈꾸고 혼자서 계획하고, 혼자서 노력하고 혼자서 염려하는 사람은 결국에는 탈진하게 됩니다.
신뢰로 자기 인생을 경영하고, 가정을 경영하고, 기업을 경영하는 사람은 더딜지라도 반드시 보답을 받게 될 것으로 봅니다.
신뢰에서 상대방을 변화시키는 신비한 힘이 나오기 때문입니다."

우리는 한 샐러리맨으로 시작한 작은 기업이 여러 난관을 겪고 성장하여 튼실한 중소기업으로 우뚝 선 세진테크(주)에서 다음의 사항들에 시사점을 배우고 또 질문하게 된다.

· 어떤 계기로 창업하게 되며 또 성공적으로 발전시킬 수 있는가?
· 그 핵심 역량과 요인은 무엇인가?
· 성경적 경영은 어느 기업과 여건에서도 가능한가?
· 경영의 성패는 CEO의 역량과 자세에 얼마나 영향을 받는가?
· 믿음과 성실한 자세는 기업경영과 특히 위기에 얼마나 영향을 미치는가?
· 경영학에서 배우는 기본 원리들은 과연 위기경영에 도움이 있는가?

마지막으로 이갑현 사장의 이 고백은 앞으로의 세대에게 주는 값진 교훈이며 동시에 세진테크가 하나님의 귀한 사역의 열매가 되기에 전혀 부족함이 없을 것이라 확신한다.

> "하나님께 최고를 드리고 최대로 섬기는 믿음으로 살겠다고 하였습니다.
> 하나님 앞에 기도하며, 현장에서 맡는 일에 최선을 다하는 현장정신을 지닌 자, 성실함과 진실함을 가진 자, 대가들이 쓴 책을 읽는 자들이 하나님이 우리에게 주신 비전을 능히 이룰 수 있다고 봅니다."

Good Business

사회적 가치를 창출하는 임팩트 비즈니스 빌더, 임팩트스퀘어

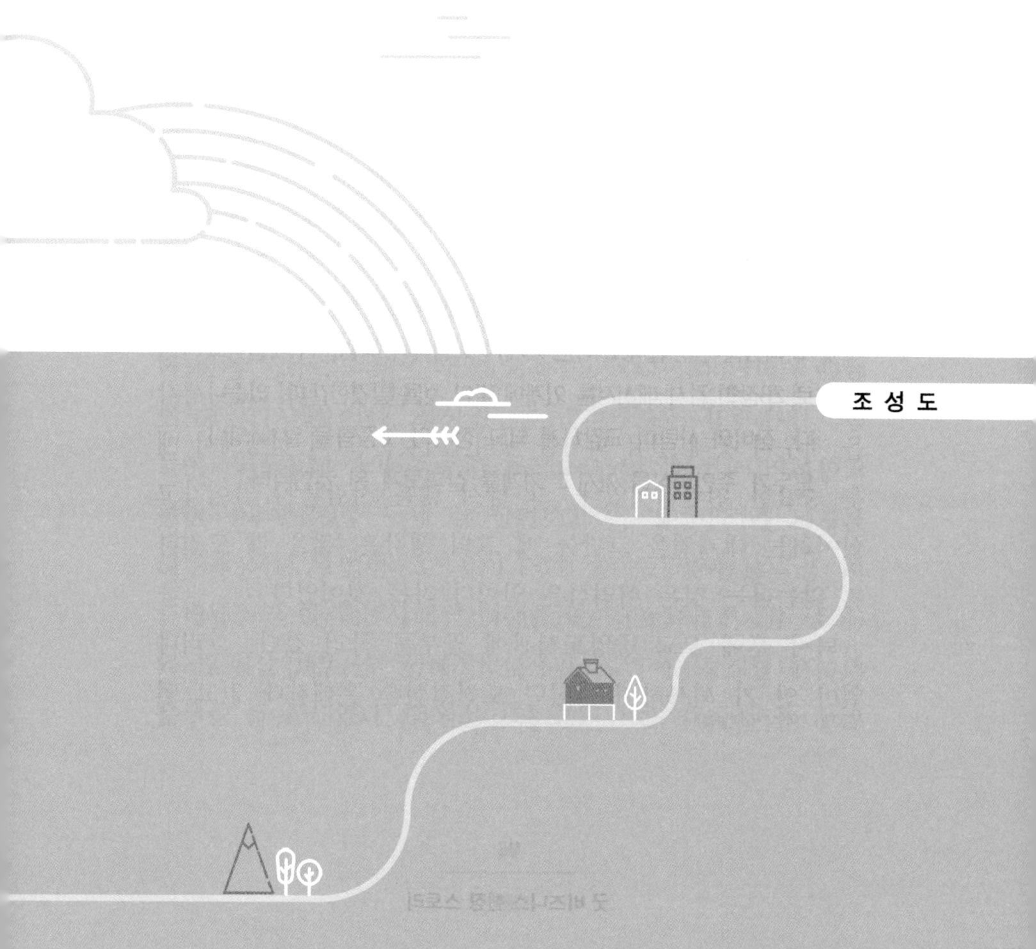

소명으로의 부르심

임팩트스퀘어를 창업한 도현명 대표는 책 읽기, 글쓰기, 말하기, 게임을 좋아하는 평범한 학생이었다. 그는 대학에서 경영학을 전공했는데 2005년에 N게임 회사에 입사했다. 지금은 큰 게임회사들의 인지도가 높고 시장 입지도 탄탄하지만 당시 게임회사들은 그렇지 못했다. 하지만 그는 게임을 좋아했기 때문에 회사 생활과 일을 즐겼고 만족했다. 주로 하는 일은 회사에서 개발 중인 게임을 직접 해보고 평가하여 전략을 수립하는 것이었다.

그런데 게임회사에서의 일이 스스로의 만족만 추구하는 것이 아닌가 하는 생각이 들었다. 누군가는 내가 기여한 게임에 빠져 중독이 되어 어려운 일을 겪지 않을까 하는 부분도 고민이 되었다. 물론 게임이라는 영역에도 여전히 하나님의 사람이 역할을 해내야 한다고 생각하지만 도현명 대표 스스로는 떠나야 할 때라고 여겼고 하나님이 그렇게 인도하신다고 생각했다.

그는 게임회사에서 일하는 동안 주말과 휴가 기간을 이용해서 비영리기관을 돕는 일을 했다. 아프리카 케냐에서 온 어려운 사람들을 돕는 기관이었다. 하지만 비영리기관의 경영은 잘 정비되어 있거나 전략적이지 않았다. 이러한 삶의 여정을 통해 도현명 대표는 자신의 삶의 방향에 대해 더 깊이 고민하다 벤처창업을 생각하게 되었다[1].

이때 도 대표는 삶의 전환점이 되는 만남을 경험한다. 사람이 아니라 책이었다. 누가 선물해 주었는지 모르지만 우연히 '세상을 바꾸는 대안 기업가'라는 책을 읽게 되었다. 이 책은 프랑스 사람인 실뱅과 마티외가 전 세계를 돌아다니며 만난 사회적 기업가들에 대해 쓴 것이다. 이 책과의 만남이 도현명 대표의 삶의 방향을 바꿨다. 도 대표는 2018년에 자신을 변화시킨 책과 비슷한 '젊은 소셜벤처에게 묻다'라는 책을 썼는데 프롤로그에서 다음과 같이 말하고 있다.

---

1) https://www.youtube.com/watch?v=iLhPm57NwQY

"그들이 만났던 사회적 기업가들은 정말 세상을 바꾸고 있었고 나도 그렇게 세상에 변화를 일으키고 싶었다. 물론 본래 마음에 담고 있었던 벤처를 창업하여 세상에 영향을 미칠 수도 있었을 것이다. 그렇지만 이 책을 읽은 후 뭐라 꼬집어 말할 수 없는 좀 더 이루기 어렵지만 그만큼 사회에 가치 있는 변화를 이루어 내고 싶다는 갈망이 생겼다.

– 중 략 –

내가 누군가에게 선물 받고 아무렇게나 던져 놓았던 책을 우연히 펴들었던 2007년의 어느 밤처럼 지금 이 책을 읽는 독자들도 소셜벤처 기업가들의 비전과 그것을 담금질해 낸 치열한 삶이 자신의 삶을 흔들어 놓는 순간을 경험하게 되길 바란다."

도 대표는 사회적 기업에 대한 책을 만난 후 자신이 더 알고 발전하는 것이 필요하다는 것을 느꼈다. 그래서 2008년에 경영학 석사 과정에 입학한다. 처음에는 박사까지 공부할 생각이었다. 하지만 또 다른 경험이 그의 삶의 방향을 한 번 더 바꾼다. 글로벌 비즈니스 경진대회에 출전하여 결선에 진출했다. 결선 대회는 싱가폴에서 일주일 동안 열렸는데 6개 팀이 참가했다. 그런데 6개 팀 중 5개 팀의 비즈니스 모델이 사회적 기업과 관련된 것이었다.

이 대회에서 도 대표는 사회적 경제와 사회적 가치 창출이라는 큰 흐름을 보았다. 그리고 한국의 필요가 시급하다는 것을 느꼈다. 그래서 그는 계속 공부하는 것을 중단하고 임팩트스퀘어를 창업하여 사회적 가치를 창출하는 사회적 경제 분야에 뛰어들었다. 필요를 보고 자신이 생각했던 계획을 바꾼 것이다. 보통 창업자들은 자신만의 이야기를 지니고 있는데 도현명 대표의 삶과 창업 과정은 하나님께서 한 청년을 소명으로 부르신 것이었다.

훈수꾼을 거쳐 킹메이커로

임팩트스퀘어는 도현명 대표가 2010년에 창업하였다. 사회적 가치를 창출하는 사회적 기업과 소셜벤처를 키우고 기업의 사회적 책임(corporate social responsibility), 공유가치 창출(creating shared value)과 관련된 컨설팅과 연구를 하는 기업이다. 임팩트스퀘어 홈페이지에 나오는 글을 보면 이 회사의 정체성을 잘 이해할 수 있다.

> "임팩트스퀘어는 '임팩트'와 '비즈니스'간의 매커니즘에 대해 진정성 있게 연구하고, 다양한 프로젝트를 실제 사업으로 구현해온 임팩트 비즈니스 전문 조직입니다. 2010년부터 지금까지 기업사회공헌, CSV, 비영리 프로젝트 등을 자문, 연구해왔으며, 다양한 소셜벤처들과 사업협력, 연계, 공동 창업, 운영, 투자 등의 형태로 성장을 고민하고 협력해왔습니다. 우리는 임팩트 즉 사회적 가치가 비즈니스와 온전히 결합될 때, 위대한 비즈니스가 구현된다고 믿습니다.
> 우리는 스스로를 임팩트 비즈니스 빌더, 임팩트 엑셀러레이터 혹은 임팩트 비즈니스 컨설팅 및 연구 조직이라고 부릅니다."(자료원: https://www.impactsquare.com)

간단하게 요약하면 임팩트스퀘어는 소셜벤처와 사회적 기업이 성장하도록 돕고 사회적 가치 창출 패러다임이 대기업 등 다양한 사회 주체에 전파될 수 있도록 컨설팅하는 사업을 수행하고 있다. 임팩트스퀘어는 창업 초기에 사회적 가치 평가에 초점을 두었다. 사회적 기업과 소셜벤처가 활성화되고 성장하기 위해서는 평가 체계가 먼저 수립되어야 한다는 판단 때문이었다. 그 당시에 사회적 가치 평가를 하는 기관이나 기업은 거의 없었다. 국내 사회적 가치 평가 분야를 개척한 조직 중에 하나라고 볼 수 있다. 임팩트스퀘어는 점차적으로 사회적 경제의 다른 분야로 사업 영역을 넓혀갔다.

현재 임팩트비즈니스의 사업 영역은 크게 세 가지로 나눌 수 있다.

첫째 소셜벤처 엑셀러레이션 분야이다. 사회 문제를 해결하기 위해 비즈니스를 시작해서 인큐베이팅 단계를 거친 소셜벤처가 성장할 수 있도록 전문적인 서비스를 제공하는 엑셀러레이터 역할을 하는 것이다. 소셜벤처가 성장하면서 겪게 되는 어려움과 시행착오를 최소화하여 시장에 정착함으로써 사회적 문제를 보다 강하고 의미 있게 해결해 나갈 수 있도록 하는 것이다.

다시 말하면, '사회 문제 해결'과 '비즈니스 모델 구축'이라는 두 마리 토끼를 잡아 성장할 수 있도록 돕는 것이다. 임팩트스퀘어는 이러한 전문 엑셀러레이션 프로그램을 제공하고 있다. 소셜벤처는 이 프로그램을 통해 시행착오를 최소화하여 가능한 짧은 시간 내에 성장할 수 있다. 고객에게 제공되는 세 종류의 프로그램에는 3~5개 팀이 1년 정도 진행하는 시그니처 프로그램, 2일 정도 비즈니스 모델 타당성 검증에 초점을 맞추는 프로그램, 고객 맞춤형 콘텐츠 제공 프로그램이 있다.

임팩트스퀘어 홈페이지에 나오는 엑설러레이터로서 지향하는 내용과 자세를 보면 이 회사가 추구하는 방향을 이해할 수 있다. 고객들과 동일시하려는 모습이 담겨있다.

"임팩트스퀘어는 엑설러레이터로서 온전히 역량과 자원을 집중합니다. 참여 기업의 성패는 곧 임팩트스퀘어의 성패와 직결됩니다. 임팩트스퀘어 엑설러레이터는 훈수꾼의 포지션임을 명확하게 인지하고 있습니다. 아무리 노력해도 기업가에 이성과 감정 맥락에서 완벽하게 이입될 수는 없습니다. 그럼에도 훈수꾼이라면 같이 뛰며 함께 울고 웃는 최고의 훈수꾼이 되어 종국에는 킹메이커라고 불리기를 희망합니다."

둘째, 임팩트스퀘어는 컨설팅과 연구 업무를 하고 있다. 기업, 정부, 비영리 단체에 사회적 가치 창출을 위한 비즈니스 솔루션을 제시하는 컨설팅을 한다. 대기업 등이 사회적 책임 수행을 위한 사회 공헌과 공유가치 창출 활동을 어떻게 진행하는 것이 효과적인지 실행 방안을 제공한다. 구체적인 컨설팅 내용은 공유가치 창출과 사회적 기업 연계 등을 통한 기존 사업의 사회적 가치 창출 비즈니스로의 전환, 사회적 가치 창출을 위한 신규 사업 설계, 기업의 사회적 책임 활동 프로그램 개발, 사회공헌 활동 진단 및 평가, 공유가치 창출과 기업 사회공헌 활동의 사회적 가치 평가, 코즈마케팅 전략 및 실행 방안 등이다.

임팩트스퀘어의 컨설팅 및 연구 영역을 요약하면 〈표-1〉과 같다.

〈표-1〉 임팩트스퀘어의 컨설팅 및 연구 분야

- 기존 사업의 임팩트 비즈니스로의 전환 (CSV, 사회적 기업 연계 등)
- 신규 사업의 임팩트 비즈니스로의 설계 (CSV, 사회적 기업 연계 등)
- 기업사회공헌 가치체계, 프로그램 개발
- 기업사회공헌 프로그램 진단 및 개선 방향, 전략, 실행방안 도출
- CSV, 기업사회공헌의 사회적 가치 평가
- 코즈마케팅 방향, 전략, 실행방안 도출(코즈마케팅 전문회사 실행 연계 가능)
- 임팩트 비즈니스의 검토 및 실행을 위한 벤치마크, 리서치, 선행 연구
- 사회공헌, 비영리, 사회적기업, 국제개발 프로젝트의 검토 및 실행을 위한 리서치
- 그 외 분야 관련 컨설팅, 자문, 교육 및 리서치

자료원: 임팩트스퀘어 홈페이지 https://www.impactsquare.com/)

세 번째 사업 영역은 사회적 기업과 소셜벤처를 위한 인프라를 제공하는 것이다. 사회적 가치 창출을 위해 뛰고 있는 조직들에게 업무 공간을 주어 시너지를 창출하도록 돕는 것이다. 사무실 공간은 공유형이며 좌석별 임대 방식으로 운영된다. 입주하는 기업들의 업무 시설과 공동으로 사용할 수 있는 편의시설이 갖춰져 있다. 2019년 7월 현재 **개 조직**

명이 사용 중이다. 이와 더불어 기독 청년들을 위한 심센터(SEAM center)를 운영하고 있다.

기독 청년 사회적 기업가 육성센터 SEAM

임팩트스퀘어는 2017년부터 소셜벤처 엑셀러레이터 사업을 시작했다. 이 사업은 인큐베이팅 단계를 넘어선 사회적 기업들이 처음 가졌던 마음과 가치를 잃어버리지 않고 고비를 넘겨 성장할 수 있도록 돕기 위한 것이었다. 임팩트스퀘어에서 심센터 사역을 하고 있는 P매니저는 이를 예수님께서 가졌던 긍휼에 마음에 비유했다.

이와 비슷한 맥락에서 임팩트스퀘어는 2016년에 기독교인으로서 사회적 기업 활동을 하는 청년들을 위한 사역을 시작했다. 2016년 이전에는 기독교인들을 위한 정규 사역을 하지 않았는데 기독 청년 사회적 기업가들의 필요를 보면서 시작하게 되었다. 임택트스퀘어는 더작은재단의 도움으로 서울숲 소셜벤처 클러스터에 심(SEAM)센터를 마련했다. 더작은재단이 후원하여 임팩트스퀘어에 운영을 위탁하는 형식이다.

심센터는 'Social Entrepreneurship and Mission'의 약자로 기독 청년들이 사회적 기업가 정신을 바탕으로 비전을 키워갈 수 있도록 공간과 프로그램을 제공한다. 한마디로 기독청년 사회적 기업가 육성센터라고 할 수 있다.

심센터는 지상 3층 지하 1층의 건물이며 1층과 지하는 공동 업무 공간으로 사용되고 기도실, 미니카페, 회의실 등이 있다. 2~3층은 셰어하우스로 사용되는데 기독 청년들이 최소한의 생활비와 저가의 숙소를 제공받으면서 훈련 프로그램에 참여할 수 있도록 돕고 있다. 사업이 잘 되게 하는 훈련뿐만 아니라 사람 자체도 성장하여 발전하는 것에 목표를 두고 있다.

수요일에는 심센터가 있는 성수동 소셜벤처 클러스터에 있는 기독청년들이 신우회로 모인다. 자연스럽게 형성된 모임이다. 2019년까지 200여회 모임을 진행했다. 낮에는 청년들이 협업할 수 있는 공간으로 활용된다. 기독교인들이 아닌 사람들이 오면 불편하거나 어색할 수 있겠지만 기독교인들만 오는 공간은 아니다. 실제로 팀장만 기독교인인 경우도 있다. 당장 고정된 사무실이 필요없고 돈이 부족한 청년들이 가끔 몇 시간 동안 협업할 수 있는 장소인데 더작은재단 후원으로 운영되기 때문에 커피값 정도에 해당하는 저렴한 비용으로 사용할 수 있다.

저녁에는 신앙훈련, 비즈니스 훈련, 멘토링으로 구성된 훈련 프로그램이 진행된다. 신앙훈련은 QT, 기도, 공동체 참여에 대한 습관을 만드는 것과 제자도와 소명에 관한 내용이다. 비즈니스 훈련은 비즈니스 기법과 더불어 소명과 비즈니스에 대한 것을 다룬다. 이 프로그램에 참여하면 1년 동안 신앙훈련 2번, 비즈니스 훈련 1번과 멘토링을 받는다.

심(SEAM: social entrepreneurship and mission)센터

임택트스퀘어는 2010년 창업된 후 기독교인들만을 위한 사역을 하지 않았는데 2015년부터 도현명 대표가 청년들에 대한 마음을 더 깊이 가지면서 심센터를 시작하게 되었다. 심센터를 시작한 동기와 청년들을 위한 마음은 도현명 대표가 크리스천투데이와 인터뷰한 기사를 보면 잘 나타나 있다.

> "사회적 기업 영역에서 지난 2010년 시작했습니다. 5년 정도 됐을 때, 청년에 대한 고민들을 좀 더 구체적으로 하기 시작했습니다. 개인적 소명에 의해, 처음 사회적 기업을 생각한 것은 일과 삶과 신앙의 일치 지점을 찾다 나온 일종의 '타협점'이었습니다. 선교사님들이 이런 일들을 해야 할 것 같아서였습니다.
> 많은 국가들에서 선교사 비자가 막히고 있고, 이제 NGO 활동마저 힘들어지고 있습니다. 현재 마지막 남은 도구가 비즈니스입니다. 선교사님들이 사회적 기업이라는 도구를 사용해야 할 것 같아서 뛰어들었습니다. 이 일을 하면서, 제가 걸어왔던 길과 동일한 길을 걷는 청년들에게 '선택의 여지'를 알려야겠다는 마음이 생겼습니다.

과거 기독교는 예수 그리스도가 하셨던, 고치고 먹이고 가르치는 일들을 보이기 위해 학교와 병원과 사회복지 시설을 설립했습니다. 지금 시대에는 이것들을 다 정부가 하고 있습니다. 그러므로 우리 세대가 해야 하는 도구는 비즈니스라고 봅니다. 그래서 사회적 기업이라는 솔루션을 제안하고 싶었습니다. 제 생각에 동의해 주시는 분들이 있었습니다.

그런데 센터까지 건립할 줄은 몰랐습니다. 프로그램 정도 할까 하는 고민이었는데, 두 가지가 눈에 들어왔습니다. 하나는 돕겠다는 분이 나왔습니다. 네이버 창립 멤버이신 더작은재단 오승환 대표로부터 청년들에 대한 지원을 위해 요청을 받았습니다. 둘째로는 돌아보니 이 사회적 기업 영역에 크리스천 청년들이 많았습니다. 일반 회사에서 찾기 힘들었던 친구들이 여기 있었습니다. 그 이유를 보자면 가장 긍정적으로는 긍휼한 마음이 있는 것입니다. 일반 회사에 가서 그들이 이 마인드를 지키기는 쉽지 않을 것입니다. 그래서 공동체 지지기반을 만들고, 그 기반 위에 얹을 수 있는 청년 리더들을 키우자는 결론을 내렸습니다."(자료원: 크리스천투데이 2019년 5월 5일자)

위의 인터뷰 내용을 보면 도현명 대표가 임팩트스퀘어를 창업하고 심센터를 시작한 동기와 배경에는 일터와 신앙을 일치시키려는 씨름이 있다는 것을 알 수 있다. 그리고 비즈니스 미션인 Business As Mission에 대한 확신과 소명을 이해할 수 있다.

또한 아래 인터뷰를 보면 심센터의 미래에 대한 도현명 대표와 임팩트스퀘어의 소망이 잘 표현되어 있다.

> "이런 공간들이 늘어났으면 좋겠습니다. 교회의 지원도 필요합니다. 무엇보다 청년들이 좋아하는 공간들이 되어야 합니다. 이곳 성수동 클러스터의 약 20%, 600여명 정도가 기독교인들입니다. 매년 '개더링'이라는 이름으로 크게 모입니다. 작년에는 이영표 선수가 소명과 축구에 대해 강의했습니다. 센터에서 열성적으로 관계 맺는 친구들은 100여명 정도이고, 나머지는 각자 회사 신우회에서 활동하기도 합니다. 물론 일터까지 와서 그런 걸 해야 하나 하는 사람들도 있습니다."(자료원: 크리스천투데이 2019년 5월 5일자)

도현명 대표와 임택트스퀘어는 심센터를 통해 일터에서 일 자체를 성실하게 수행할 뿐만 아니라 일과 영성을 연결하고 청년들을 섬기고 육성하는 영역으로 확대하였다. 처음부터 계획했던 일은 아니었지만 사회와 청년들의 필요를 보고 자연스럽게 발전시킨 것이다.

사회적 기업과 소셜벤처 육성을 통해 교회와 사회를 섬김

도현명 대표와 임팩트스퀘어는 사회적 기업을 육성하고 컨설팅하는 사업을 수행할 뿐만 아니라 사회적 기업가 정신을 교회와 사회에 확산하고 전파하기 위해 노력하고 있다. 단순한 운동(movement)이 아니라 사람을 키우고 세우는 일을 하고 있다. 넓은 의미에서 제자 양육이라고 볼 수 있다. 신학적 관점에서 조망해 보면 미로슬라브 볼프 교수가 제시한 하나님의 의와 나라를 이 땅에 구현하는 '공적 신앙'을 실천하고 있는 것이다. 저술 활동도 이러한 노력의 한 모습이다. 도현명 대표는 '젊은 소셜벤처에게 묻다', '소심청년, 소명을 만나다.'라는 책을 저술하였다. 각각 2018년, 2019년에 출간되었다.

'젊은 소셜벤처에게 묻다'는 6개의 소셜벤처와 창업가들의 이야기이다. 이 책의 프롤로그에 보면 공저자인 이새롬 박사와 도현명 대표의 저술 동기가 나온다. 이새롬 박사는 '더 나은 세상을 꿈꾸는 사람들'이라는 제목으로 쓴 글에서 다음과 같이 끝맺음을 하고 있다.

> "여섯 개의 소셜벤처가 성장하는 과정을 엿보며, 자신의 삶에 내재하고 있는 동기를 발견할 수 있다면 더 바랄 나위가 없을 것이다. 타인의 삶을 살펴보고, 이웃과 함께 살아가기 위해 고민하는 사람이 보다 늘어난다면, 우리 사회에도 더욱 좋은 소식이 많이 들려오지 않겠는가."

도현명 대표는 '삶을 바꾸는 이야기에 초대합니다.'라는 제목의 마지막에 다음과 같이 쓰고 있다.

> "내가 누군가에게 선물 받고 아무렇게나 던져 놓았던 책을 우연히 펴들었던 2007년의 어느 밤처럼 지금 이 책을 읽는 독자들도 소셜벤처 기업가들의 비전과 담금질해 낸 치열한 삶이 자신의 삶을 흔들어 놓은 순간을 경험하게 되길 바란다."

이 글에서 언급한 우연히 펴든 책은 서두에 쓴 것처럼 실뱅과 마티외가 쓴 '세상을 바꾸는 대안기업가 80인'을 말한다. 도현명 대표와 이새롬 박사는 이 책을 통해 사회적 기업과 소셜벤처의 기업가 정신이 우리 사회에 확산되고 좋은 영향력을 미치기를 소망하고 있다.

'소심청년 소명을 만나다'는 도현명 대표와 심센터 운영에 참여하는 박한울, 송화진, 윤남희, 이진실 매니저가 기독 청년들을 위해 쓴 책이다. 심센터 훈련 프로그램에서 소명에 대해 이야기할 때 사용하는 책이다. '소심청년 소명을 만나다' 책에 다음과 같은 내용이 있다.

> "소명은 무엇을 성취하는 것에 대한 이야기라기보다는, 모든 영역에서의 회복을 의미한다. 우리의 소명은 하나님이 회복을 성취해 가시는 가운데 요청된 동역이다. 그래서 소명에는 하나님과 나와의 관계뿐만 아니라, 우리를 통해 다른 사람들도 하나님께 돌아오는 회복까지 내포되어 있는 것이다. 때문에 소명은 언제나 사람과 영혼을 바라본다. 그것은 어떤 일이나 성취나 사물로 끝나지 않는다."

이 글을 보면 도현명 대표와 심센터 매니저들이 사회적 기업가로 성장하기 원하는 기독 청년들에게 무엇을 기대하고 있는지 알 수 있다. 더불어 이 책을 통해 한국의 기독청년들이 소명의 개념을 명확하게 이해해서 다른 사람들을 회복시키는 일에 관심을 갖기를 바라고 있다. 저자들은 소셜벤처 분야에서 일하면서 한국 교회를 섬기고 청년들에게 선한 영향력을 미치고 있는 것이다.

심센터, 저술 외에도 임팩트스퀘어는 사회적 기업과 소셜벤처 정신이 사회적으로 확산되는 일에도 노력하고 있다. 2019년 5월 28일 서울 워커힐 호텔에서는 SK 후원하에 '소셜밸류커넥트(Social Value Connect)'라는 대회가 열렸다. 사회적 가치 창출과 관련된 주체인 정부, 기업, 학자 등이 모인 복합 컨퍼런스였다. 4,600명이 모였는데 이는 다른 나라의 사회적 가치와 관련된 컨퍼런스들보다 큰 규모이다. 임팩트스퀘어는 이 행사를 기획하는 일에 참여했다. 한국에서 긍휼의 마음을 가지고 사회 문제를 해결하여 사회적 가치를 창출하려는 분위기를 확산하는 데 일조하고 있는 것이다.

2019년 7월 5일부터 대전에서 열린 제2회 대한민국 사회적 경제 박람회에서는 사회적 경제 분야 발전에 기여한 공로로 국무총리상을 받았다. 이날 행사의 사회는 공신의 강성태 대표가 맡았는데 공신은 임팩트스퀘어 설립 전인 2008년에 도현명 대표가 개인적으로 도움을 준 소셜벤처이다. 도현명 대표와 임팩트스퀘어가 사회적 경제 분야에 10여년 동안 땀을 흘려오면서 사회에 기여한 것이 인정받은 것이다. 도현명 대표는 수상 후 페이스북에 다음과 같이 소감을 나눴다.

"오늘 사회적 경제 박람회에서 국무총리상을 받았습니다. 부족함에도 불구하고 많은 분들이 도와주시고 또 가르쳐 주셔서 벌써 10년이 다 되도록 이 영역에서 일하고 있는데 더 열심히 하라는 격려겠지요. 특히 오늘 대통령이 참석하신 행사의 사회는 공신 강성태 대표가 진행했고 소셜벤처 부문에서는 크레비스 김재현 대표가 함께 수상하였습니다.
₩ 성태 대표는 어찌보면 제 엑셀 기업 1호인 공신의 창업자이고 김재현 대표는 창업 초기에 이 영역의 생태계 조직을 영리로 하는 게 정말 가능한 것인지에 대해서 논의했던 좋은 선배이자 업계 동료이지요. 그렇게 10년쯤이 흘러 서로 소회를 나눌 수 있었으니 다시 10년 뒤를 꿈꾸어 보겠습니다.

가장 감사한 것은 그 10년 뒤에는 이런 소회를 나눌 분들이 굉장히 많다는 사실입니다. 모든 분들께 기대와 감사의 말씀을 드립니다."(도현명 대표의 페이스북 글 중에서)

도현명 대표는 수상 소감에서 공신닷컴의 강성태 대표와 크레비스파트너스의 김재현 대표를 언급하면서 함께 걷는 사람들을 강조하고 있다. 도현명 대표와 임팩트스퀘어가 소셜벤처 분야 발전과 사회적 영향력에 기여한 것을 이야기할 때 빼놓을 수 없는 것은 성수동 소셜벤처 클러스터이다. 지금은 루트임팩트가 운영하는 헤이그라운드가 상징적으로 언급되는 지역이다. 여러 소셜벤처 기업가들이 함께 하여 형성된 클러스터이다. 현재 정부와 지방자치단체도 주목하는 곳이 되었다.

도현명 대표와 임팩트스퀘어는 이 클러스터가 형성되는데 기여한 초창기 구성원이다. 처음에 소셜벤처 종사자들은 함께 도움을 주고 받으며 일하는 연대가 필요함을 느꼈다. 그래서 서울 선릉역 근처에 임팩트 허브 한국 라이센스를 얻어 함께 일하는 공간인 임팩트 허브 서울을 만들었다. 하지만 개인 차원의 연대와 활동은 한계를 느꼈다. 그래서 개인 차원보다 조직 차원의 협업을 추구하게 되었다. 이런 필요에 따라 성수동에 모여 클러스터를 만들기 시작했다.

이 기획은 당시 루트임팩트 대표였던 정경선 대표의 투자로 본격 추진이 되었고 현재 루트임팩트가 운영하는 헤이그라운드로 상징되는 서울숲 소셜벤처 클러스터가 만들어졌다.

2019년에 국내 최초 소셜벤처 협의체인 '임팩트 얼라이언스'가 결성되었으며 심오피스 근처에 헤이그라운드 2호점이 만들어졌다. 또한 스타트업의 공유 오피스인 패스트파이브도 인근에 오픈되었다. 임팩트스퀘어는 이러한 소셜벤처 클러스터 형성과 발전에 참여하여 모태 역할을 했다.

그리고 도현명 대표는 대학에서 대학생들을 대상으로 서울대와 한양대에서 사회적 기업과 소셜벤처에 대한 강의를 하고 있다. 도현명 대표는 젊은이들이 사회적 경제 분야에 관심을 갖고 훈련하기에 가장 좋은 시기를 젊은 대학생 시절이라고 말한다. 예를 들어 사회공헌 동아리를 통해 대학생들이 사회적 기업과 사회적 경제를 경험할 수 있는 기회를 제공하는 것을 강조한다. 도현명 대표는 이러한 소신 때문에 대학생들에게 직접 강의하면서 동기부여하고 있다. 심센터 사역이 기독청년들에게 사회적 기업과 기업가 정신을 심어주는 것이라면 대학에서 강의하는 것은 대학생들을 위한 활동이다.

또 다른 10년을 기대하며

도현명 대표와 임팩트스퀘어는 사회적 가치를 창출하는 사회적 기업과 소셜벤처 분야에서 사람들을 키우는 것이 자신의 소명임을 깨닫고 10년을 달려왔다. 사회적 기업과 소셜벤처 기업가를 세우는 엑셀러레이터 사업을 하였으며 심센터를 통해 기독청년 사회적 기업가들을 훈련시키고 육성해

왔다. 또한 심센터는 사회적 기업과 소셜벤처에서 일하는 기독청년들의 안식처와 터전 역할을 했다. 사도행전의 두란노 서원과 비교할 수 있다.

> "어떤 사람들은 마음이 굳어 순종치 않고 무리 앞에서 이 도를 비방하거늘 바울이 그들을 떠나 제자들을 따로 세우고 두란노 서원에서 날마다 강론하며 이같이 두 해 동안을 하매 아시아에 사는 자는 유대인이나 헬라인이나 다 주의 말씀을 듣더라"(사도행전 19:9-10).

2019년은 사회적으로 사회적 경제와 소셜벤처가 과거보다 더 주목받는 해였다. 4000명이 이상이 모인 소셜밸류커넥트 컨퍼런스가 처음으로 열렸고 국내 최초의 소셜벤처 협의체인 '임팩트 얼라이언스'도 구성되었다. 또한 제2 헤이그라운드 설립이 예정되면서 성수동의 소셜벤처 클러스터도 더 확장되어 가고 있다. 이러한 흐름 속에서 임팩트스퀘어는 중요한 역할을 했다.

이렇게 나름대로 결실도 거두고 있다. 앞으로 더 많은 사람들이 사회적 경제에 주목하고 규모도 커지면 임팩트스퀘어가 할 일은 더 많아질 것이다. 예상하지 못했던 문제가 발생할 수도 있다. 더 많은 일을 감당하기 위해 필요한 자원들도 증가할 것이다. 하나님께서는 어떤 상황에서도 소명에 따라 처음의 진정성을 지키면서 회사의 비전과 미션을 성취해 나가는 BAM 여정이 되길 바라고 계실 것이다.

Good Business

작은 자들을 존귀하게, 향기내는사람들

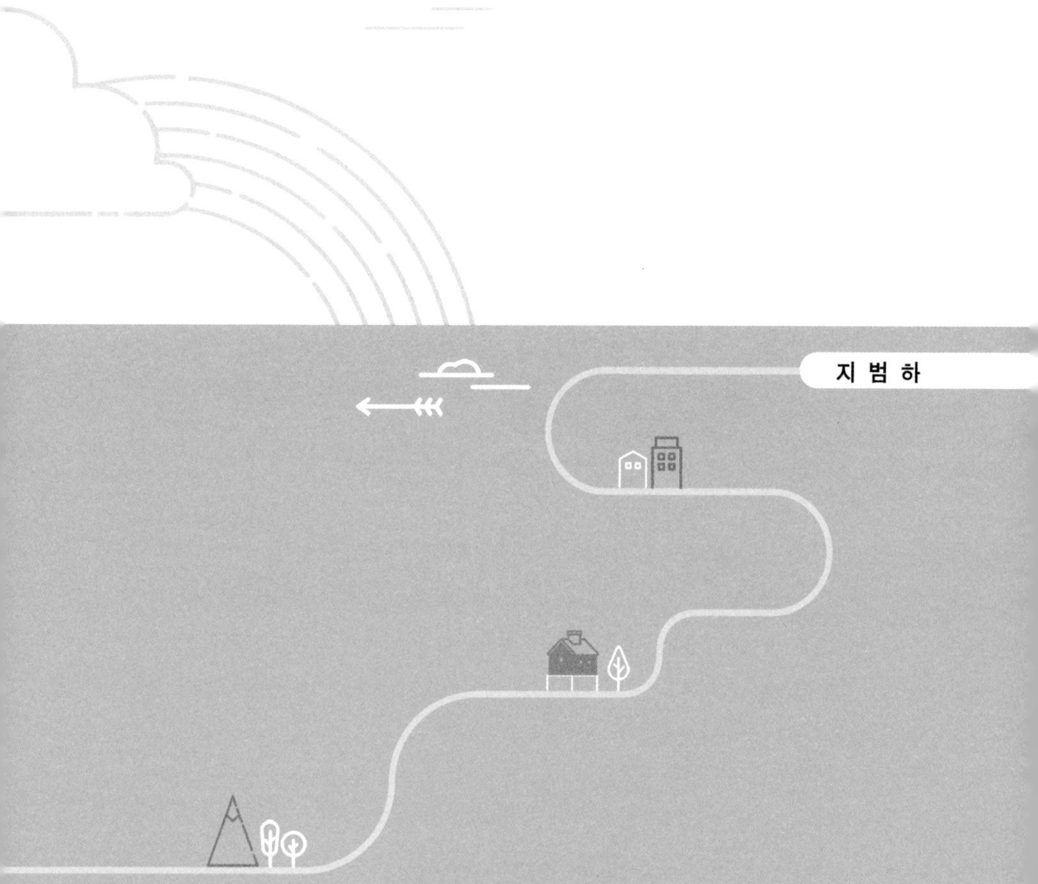

지극히 작은 자들과 함께 일하기로 하다

주식회사 향기내는사람들은 2008년 한동대학교 동문들이 기독교 가치관을 바탕으로 설립한 사회혁신기업으로, 장애인들과 함께 행복하게 일하는 세상을 꿈꾸며 도전하는 기업이다. 사랑, 소통, 전문성이라는 핵심가치를 바탕으로 현재 60여 명의 장애인 직원들이 전문가로 양성되어 제조업, 서비스업, 컨설팅업 현장에서 10년 이상 일하고 있는 혁신적인 기업이 되었다.

이 기업의 핵심사업인 '히즈빈스'는 장애인 바리스타가 만드는 고급 커피전문점이다. 한동대학교에 1호점을 개점한 이래 현재 전국에 19개 점포가 있고 2019년 하반기에 해외 점포가 개설될 예정이다.

히즈빈스의 장애인 직업유지율은 95%이며, 근속연수는 거의 6년에 달한다는 점을 고려할 때, 히즈빈스의 장애인 고용시스템은 선구적이며 혁신적이라도 평가할 수 있다. 한 명의 장애인에게 지역사회 7명이 지지하는 다각적 지지시스템, 안정적으로 일할 수 있도록 돕는 7단계 교육시스템, 지역사회를 연결하여 지속가능한 장애인 일자리 문화를 만드는 네트워크형 운영모델 등 핵심 시스템들을 갖추고 전 세계 10억명의 장애인들에게 일자리와 복음을 주겠다는 글로벌 사회적 기업의 성공모델을 꿈꾸며 지속가능한 성장 사업전략을 추구하고 있다.

2015년 1월 '주식회사 향기내는사람들'의 임정택 대표는 연초에 계획된 운영자문위원회에 보고할 향후 경영전략의 초안을 검토하고 있었다. 창사 후 지금까지의 기업의 성장을 되돌아보면 지난 6년은 그에게 매우 보람 있는 기간이었음에 틀림없다.

> "2008년 5월, 7시간의 기도 끝에 받은 이 말씀, 즉 '너희가 여기 내 형제 중에 지극히 작은 자 하나에게 한 것이 곧 내게 한 것이니라' 는 이 한 구절(마 25:40)이 한 사람의 인생을 송두리째 바꾸었습니다. 그 당시 비전 때문에 고민이 깊어 간절하게 기도했던 저는, 마치 사막 한 가운데에서 나침반과 지도를 찾은 사람처럼 인생의 목적과 방향을 깨닫게 되었고, 그때부터 제 안에서 말씀으로 역사하시는 하나님의 일하심을 경험할 수 있었습니다. 이 말씀이 저의 인생의 비전이 되었고, 결국 이 세상에서 가장 어렵

고 힘든 삶을 사는 '지극히 작은 자들'과 함께 행복하게 일하는 기업을 만들겠다는 꿈을 꾸게 되었습니다."

그때부터 그는 포항이라는 지역에 살고 있는 장애인, 노인, 저소득층의 사람들을 만났고, 결국 약 6개월 동안 수십 명의 장애인들과 친해지며 그들의 아픔을 알게 되었다. 장애인을 만나면서 그가 도와주어야 할 대상이라 생각했던 이들이 오히려 위로와 격려를 건네준다는 것을 깨달았을 뿐 아니라, 그들 중 몇 명의 정신 장애인들과 더욱 가까워지면서 그들을 통해 많은 새로운 것을 배우게 되었다.

그 당시 가장 크게 깨달은 것은 장애를 갖고 있는 사람들이 장애 때문에 일을 못하는 것이 아니라, 이들의 강점을 발견하여 일할 수 있게 하는 맞춤형 직업교육과 일자리의 기회가 없기 때문이라는 것이었다.

많은 장애인들이 일반적인 비장애인들과 다를 바 없이 성실하고 부지런한 사람들임에도 불구하고, 사회적인 편견과 낙인 때문에 세상에서 소외되어 일할 기회조차도 얻지 못한다는 사실을 알고 난 뒤, 그는 새로운 꿈을 꾸게 되었던 바, 그것은 바로 '모든 장애인들과 함께 행복하게 일하는 세상'을 만드는 것이었다.

그렇게 2008년 9월, '향기내는사람들'이라는 회사를 창업하고 지극히 작은 자들과 함께 일하며 산업 현장에서 하나님 나라의 확장에 참여한다는 새로운 일을 시작하게 되었다.

장애인 전문가를 양성하는 히즈빈스

임정택 대표는 '장애인들에 대한 편견을 걷어내고 보니, 그동안 보지 못했던 가능성과 비전이 보였다. 장애인들도 함께 성장할 수 있는 동등한 인격체로서 전문 교육과정을 이수하고 일할 기회가 주어진다면 전문가가 될 수 있다는 확신이 있었다.'고 술회한다.

커피전문점은 개방된 공간에서 하루에도 수많은 고객과 마주해야 하기 때문에 장애인 한 명의 사회구성원으로 자립할 힘을 키우기에 안성맞춤이었다. 따라서 그는 커피 교육을 반복적으로 시행하면 장애인들도 충분히 바리스타가 될 수 있다는 확신이 있었고, 커피전문점을 창업한다면 고용을 안정적으로 보장할 수 있겠다는 생각이 들었다. 더욱이 기하급수적인 성장이 예상되는 미래 커피 시장이라면 더 많은 장애인을 고용할 수 있을 것이라는 예측을 자연스럽게 하게 되었다.

수개월의 준비 기간을 거친 후 한동대학교 캠퍼스 안에 개업한 히즈빈스(하나님의 카페) 1호점은 오픈한 첫날부터 문전성시를 이루어 사람들이 줄을 서지 않으면 먹지 못하는 인기 있는 카페가 되었고, 운영한지 1년 만에 10명의 장애인 바리스타들을 양성하여 함께 일하게 되었다.

특히 한 명의 장애인 바리스타에게 지역사회의 일곱 명(정신과 의사, 사회복지학 교수, 사회복지사, 자원봉사자, 점장, 본사의 팀장, 선배기수 등)이 지지하는 '다각적 지지시스템'

과 한 명의 장애인이 직업 전문가가 될 때까지 7단계로 반복 교육하는 '히즈빈스 아카데미'를 통해 대부분의 장애 증상이 약화되고 치료의 효과까지 얻게 되었다.

처음 개점한 점포의 성공적 운영은 포항시를 비롯한 지역 언론의 관심을 받게 되었고, 이후 포항 시청 청사와 구도심인 육거리 포항청년문화센터 등에 2호, 3호점을 개점하는 쾌거를 이루었다. 이를 발판으로 꾸준한 성장을 지속한 결과, 히즈빈스는 6년 만에 전국에 10개의 매장과 히즈빈스 디저트, 향기제작소 공장과 히즈빈스 로스팅을 보유한 종합 커피 매장 운영사업 및 제조업체로 발전하였다.

그러나 2014년을 고비로 히즈빈스 사업의 성장은 한계에 부딪히게 되었다. 먼저 우리나라의 커피전문점 개업이 폭발적으로 늘어나면서 경쟁이 격화되기 시작하였고, 히즈빈스 사업에서 점포 확장을 통한 규모의 경제를 얻기 위해서는 다른 커피전문점과 비슷한 상당한 규모의 자본이 필요하였는데, ㈜향기내는사람들의 비전과 경영전략에 충분히 공감하는 출자자를 찾는 것은 그리 쉬운 일이 아니었다. 또한 장애인으로만 구성된 바리스타의 공급도 기존 육성체계로는 계획된 성장을 따라가기 어려운 실정이었다. 이에 따라 2015년부터는 새로운 경영전략의 틀을 짜지 않으면 지속가능한 성장을 기대할 수 없다고 보기에 임정택 대표와 경영 관계자들은 이를 위한 숙고에 들어가게 되었다.

새해를 맞아 개최된 운영자문위원회에서는 본 회의에 제출된 경영전략 초안을 심도 있게 검토하였다. 동 위원회는 사회복지 및 조직심리학과 경영학 전공의 대학 교수들과 산업현장의 외부 전문가들로 구성되어 있으며, 분기별 회의를 통하여 회사의 경영실적과 현안을 보고 받고, 이에 필요한 자문역할을 감당하고 있다. 앞에서 설명한 도전에 대응하기 위한 경영전략 수립은 크게 세 가지 영역에 대한 방향 설정과 관련되어 있었다.

첫 번째 전략적 방향 설정으로는 히즈빈스 운영인력의 체계적 양성을 목적으로 장애인 직업교육센터인 향기나눔지원센터를 설립하는 것이다.

둘째로는 병원 등 개별 기관에서 자체적으로 히즈빈스의 점주가 되어 사업장 내에 커피전문점을 개설하고 장애인을 운영직원으로 고용함으로써 장애인 의무 비율준수 의무도 충족하게 하는 컨설팅 사업이다. 히즈빈스 입점 및 운영대행을 지원하는 서비스도 포함하고 있다.

끝으로 국내에서의 경험과 노하우를 바탕으로 장애인 고용에 대해 글로벌 사회적 기업의 비전을 추구하는 국제화 전략이다.

특히 위의 전략 중 히즈빈스 컨설팅 사업은 직원 200인 이상 규모의 고객군인 병원, 학교, 기업 및 공공기관을 대상으로 하여 장애인 의무고용을 위한 맞춤형 컨설팅을 제공하는 것이다.

향기내는사람들의 과거 10년 무사고가 증명하는 장애인 관리 솔루션을 해당 기관의 사내 카페, 사내 식당, 헬스케어, 청소서비스 및 문서관리 등 협의 가능한 작업장에 적용함으로써 수억원의 고용부담금 절감을 통한 수익개선과 기업의 사회적 책임 실현을 통한 기관 이미지 향상, 그리고 고객 홍보효과를 도모할 뿐만 아니라, 장애인들에게 안정된 고용기회의 창출이라는 기대효과를 얻을 수 있게 된다.

이 경우 관련 영업점 및 인력은 해당 기관에 소속되므로 운영 여하에 따라 그 기관에 추가 수익 획득의 기회도 제공하게 되며, 향기내는사람들에게는 컨설팅과 영업점의 위탁경영에 대한 보수가 따라오게 되어 해당 기관, 장애인, 그리고 향기내는사람들 삼자가 모두 윈윈할 수 있는 솔루션이라고 볼 수 있다.

아래 〈표-1〉에는 장애인 의무고용 맞춤형 컨설팅을 현재 도입하였거나 도입을 검토 중인 기관들을 유형별로 제시하고 있다. 이 자료를 통하여 짐작할 수 있듯이 향기내는사람들 입장에서는 안정된 수익 기회가 확보되는 반면에 자금조달을 비롯하여 이에 따른 재무 위험은 거의 없게 되어 실질적으로 매우 효과적인 사업모델이라고 아니 할 수 없다.

〈표－1〉 장애인 의무고용 맞춤형 컨설팅을 도입한 고객군

병 원	학 교	기 업	공공기관/NGO
• 세명기독병원 • 예손병원 • 안양샘병원 • 더좋은병원 (협의중) • 윌스기념병원 (협의중)	• 한동대학교 • 가천대학교 (협의중)	• 와디즈 • 애터미 • 하나은행 • SK하이닉스 (협의중)	• 밀알복지재단 (필리핀) • 울산남구보건소 • 아름다운가게

이상에서 설명한 새로운 전략 및 사업모델에 힘입어 2016년에는 전년도에 비하여 65%의 매출액 신장을 가져왔고 당기순이익도 괄목할 증가를 보였다. 이는 〈표 2〉를 참조하면 확인할 수 있으며, 표에서도 알 수 있는 바와 같이 2017년 하반기에 발생한 포항지진의 영향으로 인하여 당해연도와 2018년에는 성장의 정체를 겪었으나, 금년 2019년에는 상반기 매출이 전년도 실적에 버금가는 것으로 보아 당초 계획한 70% 성장이 가능할 것으로 추정된다.

〈표－2〉 기업의 재무 규모

(단위: 백만원, 명)

연 도	2015년	2016년	2017년	2018년	2019년 1월~6월
매출액	792	1,308	1,409	1,385	1,328
총자산	123	197	390	534	534
자본금	9	38	111	111	111
상시 종업원 수	26	40	47	47	50
당기순이익	20	90	-42	5.2	185
비고			포항지진 영향	지진영향	애터미 납품 실시

결국 ㈜'향기내는사람들'은 창사 10년 만에 전국에 히즈빈스 18호점의 매장과 향기제작소(공장), 향기나눔지원센터(직업교육센터), 히즈빈스 컨설팅(장애인 고용 컨설팅) 등을 설립하며 비즈니스 영역의 확장을 계속하고 있다. 지난 여름 판교에 19호점을 오픈하고 곧 이어서 필리핀에 20호점의 개장이 예정되어 있다. 현재는 60여명의 장애인 전문가들(바리스타, 제과제빵 전문가, 로스팅 전문가, 콜드브루 전문가, 디저트 전문가, 전문강사)이 함께 근무하며 자신만의 꿈을 이루어나가는 혁신적인 기업으로 성장하고 있는 중이다.

그들 중 한 사람은 현재 10년째 일을 하며 한동대학교 사회복지학부에서 강의를 담당하기도 하고, 어떤 이들은 대학에 진학하여 사회복지사 자격을 취득한 후, 자신과 같은 장애인들을 동료지원가로서 상담하며 돕는 역할을 하고 있다.

또한 공장(향기제작소)에서 로스팅 업무를 맡고 있는 한 실장은 비장애인들도 어렵다는 로스팅 기법을 완벽하게 습득하여 맛있는 커피를 볶을 수 있게 됨으로써, 한국커피학회 회장의 테이스팅을 통해 최고의 커피로 인정을 받기도 하였다.

그리고 해외에서는 처음으로 필리핀 마닐라에 거주하는 8명의 장애인들이 지난 1년간 커피 교육을 받으며, 드디어 2019년 10월에 히즈빈스 마닐라지점에서 커피 전문가로 일할 수 있게 되었다. 이제 이들은 더 이상 소외된 장애인이 아니라, 한 분야의 전문가로 성장하여 본인의 꿈을 이뤄나가는 주인공이 된 것이다.

향기를 품은 사람들

㈜향기내는사람들은 '모든 장애인들과 함께 행복하게 일하는 세상'을 만드는 비전을 갖고 2008년도에 설립된 사회혁신기업이다. 장애인 전문가를 양성하기 위해 제조업, 서비스업, 유통업 관련 일자리를 만들어 현재 63명의 장애인들이 전문가로서 일하고 있으며, 포항에 본사를 두고 서울경기지부를 운영 중에 있다.

주요사업으로는 먼저 서비스업으로 장애인 커피 전문가 양성을 통한 전문커피점 운영사업인 히즈빈스 커피, 스페셜티 커피를 연구하고 핸드드립 커피와 브런치를 제공하는 스페셜티 커피 브랜드 개발사업인 히즈빈스랩(히즈빈스 커피 연구소), 국내 기업을 대상으로 장애인 고용 솔루션 컨설팅을 제공하는 히즈빈스 컨설팅, 가상현실 장애인 직업훈련 키트 개발 및 교육장 운영사업인 브이로드(VRod)가 있다.

두 번째 분야는 제조업으로 히즈빈스 커피공장인 향기제작소, 세계 원산지별 원두 로스팅, 콜드브루 제조공장인 히즈빈스 로스팅, 베이커리와 디저트류 제조 공장인 히즈빈스 디저트가 있다. 끝으로 유통업인 히즈빈스 로지스틱스는 원두, 콜드브루, 베이커리 등 요식업 관련 상품 및 재료의 유통에 관여하고 있다.

다음으로 ㈜'향기내는사람들'을 창립하고 지금까지 경영하면서 발전시킨 임정택 대표를 간단히 소개해 보고자 한다. 임 대표는 한동대학교에서 경영학과 사회복지학을 복수전공하였으며, 한국과학기술원(KAIST)에서 사회적 기업가 MBA를 취득하였다. 그는 한동대를 졸업하기 전부터 이미 사회혁신기업인 ㈜향기내는사람들의 창립 및 운영에 주도적으로 관여하여 히즈빈스 커피전문점 사업에 뛰어들었으며, 그 이후에도 이 기업의 주요 사업의 확장에 해당하는 향기제작소와 향기나눔지원센터의 창립을 직접 이끌었다.

임정택 대표는 그의 혁신적인 창의적 아이디어와 창업활동을 인정받아 여러 기관으로부터 수상실적이 다양하다. 그는 이미 한동대 재학시절 2008년 한국경제신문이 주최하는 아시아 대학생 창업교류전에서 1위의 성적을 거두었고 2010년에는 한국대학사회봉사협의회 회장상을 수상했다. 최근 주요 수상 내역으로는 2016년 일가재단의 청년일가상과 한국국제연합봉사단의 대한민국 세종대왕 나눔봉사 대상이 있고, 2018년에는 아름다운 가게의 뷰티풀 펠로우로 선정되었다.

㈜향기내는사람들은 사회적 기업으로서 그 존재 목적인 기업 미션을 일반 영리기업과는 다소 다른 관점에서 다음과 같은 성경 말씀(마태복음 25:40)에서 빌려 온 한 문장으로 나타내었다.

"너희가 여기 내 형제 중에 지극히 작은 자 하나에게 한 것이 곧 내게 한 것이니라."

이와 같은 성경구절을 통하여 존재 이유를 설명하고 이에 기초하여 '모든 장애인들과 함께 행복하게 일하는 세상'을 비전으로 설정하였으며, 다음과 같은 향기내는사람들의 3대 정체성과 그 각각에 관련된 핵심가치를 정립하였다.

- 신앙 정체성과 연관 핵심가치인 사랑
- 기업 정체성과 연관 핵심가치인 전문성
- 복지 정체성과 연관 핵심가치인 소통

이상 세 가지 영역에서의 정체성 관련 핵심가치에 대하여서는 기독경영원리가 어떻게 반영되고 있는지 뒤에서 자세히 살펴보기로 하겠다.

㈜향기내는사람들의 부가가치창출 프로세스는 아래 그림과 같이 표시할 수 있다.

지원활동	
하부구조	기획, 재무, 법무, 총무, MIS
기술개발	연구, 설계, 개발, 디자인
인적자원	직무관리, 보상관리, 평가관리, 조직관리
조달활동	구매, 관리, 가치평가

본원적 활동					
기술획득	제품설계	제조	마케팅	물류유통	서비스
원천기술	제품기능	일치	상품,가격	수송/저장	보증제도
기술정교화	특성	용수	광고,홍보	재고	직접/독립
지적재산권	디자인	원재료조달	판촉/판매원	채널	속도
생산공정	품질	부품/조립	포장, 배달	통합	가격

이윤

위의 그림에서 볼 수 있듯이 ㈜향기내는사람들의 경우도 일반적인 공급사슬(Supply Chain)의 경우와 같이 최종가치인 이윤을 창출하기 위하여 본원적인 활동과 지원 활동으로 그 조직의 기능을 나눌 수 있다.

우선 본원적 활동의 첫 단계인 기술획득과정에서 향기내는사람들은 단맛을 강화시킨 커피 제조 방법 등 고유의 기술을 특허출원하여 보유함으로써 커피전문점 시장에서 경쟁력을 확보하고 있을 뿐 아니라, '장애인 고용 위탁관리 시스템' 또한 히즈빈스 보유 기술 특허출원으로 2018년에 등록되어 있어 컨설팅 부문에서도 지속가능 성장의 발판을 마련하였다고 말할 수 있다.

다음으로 제품설계과정에서는 제품별 차별화 연구를 목적으로 히즈빈스 커피연구소를 운영하고 있으며, 히즈빈스 BI

기준의 디자인 어플리케이션 작업과 색도검사, 성분검사, 금속검출검사 등을 통한 품질관리도 수행한다. 이후의 본원적 활동에 속하는 마케팅, 물류유통 및 사후서비스 과정에서도 철저한 전략 수립과 효과적인 품질관리 및 적절한 리스크 관리를 추구하며, 고객행복센터 핫라인(유,무선) 운영 등을 통하여 설정된 고객만족 목표의 달성에 힘을 다하고 있다.

부가가치 창출 프로세스의 지원활동에 해당하는 하부구조는 본사에서 통합관리하고 있으며, 일일생산 및 품질관리, 조달관리와 인적자원관리도 상품개발팀, 디자인팀, 경영관리팀 등 본사 해당부서에서 관할하고 있다.

끝으로, 부가가치 창출 프로세스의 최종단계인 이윤 창출은 커피전문점인 직영 히즈빈스 카페를 통한 판매이윤과 교육비 이윤 등 휴게음식업으로부터 창출되는 이윤이 첫 번째 유형이고, 유통 및 통신판매업으로부터의 이윤이 두 번째 유형이며, 마지막 유형의 이윤은 컨설팅으로부터 창출되는 이윤으로 장애인 고용과 관련한 자문료 및 사업장 구축비와 사업장 위탁운영비 이윤이 이에 해당된다고 하겠다.

향기내는사람들의 진짜 향기

㈜향기내는사람들은 신앙정체성, 기업정체성, 그리고 복지정체성이라는 세 가지 정체성과 이들 개별 정체성에 각각 연관된 핵심가치인 사랑과 전문성, 그리고 소통에 기반하여

경영활동을 수행하고 있다. 이러한 정체성과 핵심가치를 반영하는 향기내는사람들의 시스템에 대해 살펴보도록 하자.

1) 다각적 지지 시스템

㈜향기내는사람들에서 일하는 모든 장애인들은 지역사회의 7명이 지지하는 다각적 지지시스템을 통해 안정적인 일자리를 유지할 수 있도록 하고 있다. 모든 사업장에서는 하루 일과를 마치고 담당 매니저(비장애인 관리자)가 해당 일에 근무한 장애인들의 업무, 관계, 증상에 대하여 업무일지를 작성하고 지역사회 지지자들에게 발송하며 이를 공유한다. 이 경우 7명의 지지자들(정신과 의사, 교수, 사회복지사, 본부 담당자, 직장 선배, 기관 동료, 현장 매니저 등)은 업무일지를 확인한 후 각자의 역할에 맞게 상담 및 사례관리와 교육을 실시하여 한 명의 장애인 직원이 안정적으로 일을 유지할 수 있도록 돕는다. 또한 히즈빈스 본사의 사례관리 담당자는 장애인 직원들의 지지자 현황과 실상을 주기적으로 파악하고, 부족할 시에는 이를 해결하기 위한 촉진자와 협력자가 되어 활동에 임한다.

[장애인 근로자 1명에게 7인 지지시스템 적용]

2) 7단계 교육 시스템

㈜향기내는사람들에서는 모든 직원들이 7단계 사전 교육을 수료해야 일을 시작할 수 있으며, 근무 중 보수교육을 통해 성장해 나간다. 이와 같은 7단계 교육 시스템은 다음의 순서로 진행된다.

(1) ㈜향기내는사람들 비전공유 및 동기부여 교육
(2) 해당 직무에 관한 이론 교육
(3) 위생청결 및 직업예절 교육
(4) 서비스 및 고객응대 교육
(5) 현장직무 매뉴얼 교육
(6) 현장직무 실습
(7) 최종평가 및 보완 교육

특정 지역에 히즈빈스가 입점할 경우 해당 지역의 장애인단체를 통하여 취업을 희망하는 이들의 지원을 받게 된다. 채용된 장애인은 위의 7가지 단계의 '히즈빈스 바리스타 아카데미' 과정을 수료해야 한다. 일반인은 1개월 정도면 이수할 내용이지만 장애인에게는 6개월 이상의 반복 교육이 필요하다.

근무 중 보수교육은 ㈜향기내는사람들이 자체 개발한 VR 및 게임을 통해 진행되며, VR 교육은 때와 장소에 관계 없이 현장직무를 360도로 체험하고 반복 교육할 수 있는 교육키트로, 현재 바리스타 교육에만 적용되고 있다. 여기에서 말하는 보수교육에 사용되는 게임 교육은 100여 가지의 직무 레시피 및 매뉴얼을 재미있는 게임을 통해 반복적으로 학습하도록 돕는 앱으로서 현재 히즈빈스 커피에 적용되고 있다.

이에 따라 히즈빈스 본사의 교육 담당자는 모든 직원들의 현재 역량을 체크리스트를 통해 주기적으로 파악하고 그에 맞는 맞춤형 교육계획을 세워, 교육을 통한 성장이 이루어지도록 돕는다.

3) 네트워크형 운영모델

㈜향기내는사람들은 어느 지역에 사업장을 준비하든지 그 지역의 기관들과 연계하고 협력하는 모델을 기본으로 채택한다. 향기내는사람들은 지역사회의 기업, 지자체, 장애인사회복지기관, 대학, 병원, 교회 등과 장애인 고용에 대한 직

업유지의 목적을 공유하고, 비전과 방향성이 맞는 기관과는 긴밀히 협력하며, 한국장애인고용공단, 장애인부모회, 장애인 사회복지기관과 지속적으로 소통하여 해당 지역사회에서 취업을 준비하고 도전하는 모든 장애인들에게 일할 수 있는 기회를 제공하도록 노력한다. 이때 MOU 혹은 협력을 약속한 지역사회의 장애인 기관의 담당 사회복지사는 해당 지역의 사업장에서 일하는 히즈빈스 장애인 직원에 대한 상담 및 사례관리의 역할을 담당한다.

4) 장애인 고용 컨설팅

앞에서 간략히 설명하였듯이 히즈빈스 컨설팅은 ㈜향기내는사람들이 런칭한 국내 유일의 장애인 의무고용 컨설팅 비즈니스이다. 직원수가 50명 이상이 되는 대한민국의 모든 기업은 전 직원의 3.1%만큼 장애인을 고용해야 하는 법적 의무가 있다.[2] 그러나, 대부분의 기업들은 장애인 채용의 어려움, 맞춤직무 제공의 어려움, 직무교육의 부재, 사회복지사 부재, 장애인 고용 실패의 경험 등으로 인해 의무고용을 충족시키지 못하고 있는 실정이며, 그로 인해 고용부담금을 납부하고 있다.

---

2) '장애인 의무고용 제도'라고 불리며, 미고용시 장애인 1인당 월 175만원의 고용부담금이 부과된다.

이와 같은 문제의 해결책으로 히즈빈스 컨설팅은 기업의 상황과 필요를 파악하여 맞춤형 일자리를 구축하고, 지역사회의 장애인들을 채용하고 교육하는 등의 위탁관리 업무를 담당하는 솔루션을 제공하여 안정적인 의무고용이 가능하도록 돕고 있다.

현재 히즈빈스 컨설팅을 통해 장애인 사업장을 운영 중인 기업은 6곳이며, 평균 연간 2억원 이상의 고용부담금을 감면받으며 고용한 장애인들과 안정적으로 일하고 있다.

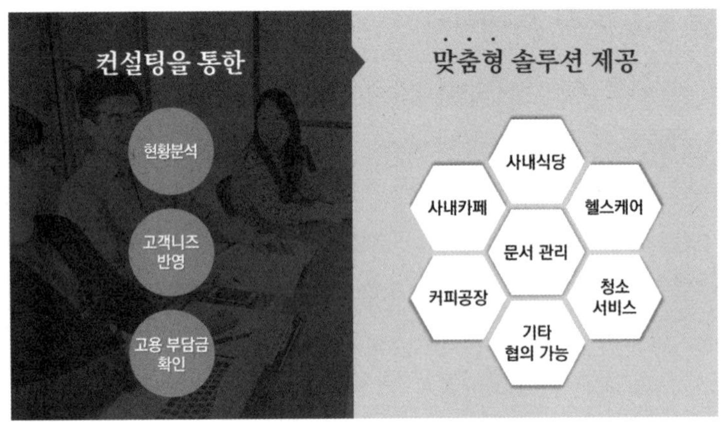

모든 장애인들이 행복하게 일하는 세상을 꿈꾸다

대한민국의 정신장애인 직업유지율은 18.3%이고, OECD 국가는 약 50%이다.[3] 그런데 지난 10여년 동안 운영해 온 히즈빈스의 정신장애인 직업유지율은 약 90%에 이르고 있다. 이러한 세계 최고 수준의 직업유지율 결과는 미국과 홍콩의 정신보건분야 교수들과 전문가들의 주목을 받았고, 국제적인 학술지에 정신장애인 직업재활의 성공사례로 등재되기도 하였다.[4]

그리고 2015년 11월에 열린 세계정신재활대회에서 히즈빈스의 김일문 바리스타는 45개국에서 모인 전문가들 앞에서 10분간 영어로 자신의 경험을 전달하기도 하였다. 이러한 성과를 바탕으로 ㈜향기내는사람들은 '비전 2030'을 선포하게 되었고, 그것은 바로 'No.1 Global Social Enterprise', 즉 2030년까지 사회적 기업의 세계적 성공모델을 만들자는 것이다.

이와 같은 원대한 비전을 실현하기 위해서는 두 가지가 반드시 선행되어야 할 것이다. 첫 번째는 지속가능성으로, 현재의 성공모델이 대한민국을 넘어 전 세계의 각 지역에까지 안정적으로 자리를 잡아 오랫동안 운영될 수 있도록 하

---

3) 중앙정신보건지원단, 연례 보고서, 2014.

4) United States Psychiatric Rehabilitation Association (USPRA; 미국정신재활협회) Journal, 2013.

는 체계적인 시스템이 필요하다.

두 번째는 재정적 자립의 달성으로 ㈜향기내는사람들이 지금까지 정부의 무상지원을 모색하지 않았으며, 자금의 문제로 경영이 어려워도 지원과 후원에 의존하지 않고 도전했던 이유는 더욱 경쟁력을 갖추어 시장에서 스스로 살아남을 수 있도록 하기 위함이었다. 그러다 보니 2014년에는 회사의 문을 닫아야 할 정도의 극한 어려움이 찾아오기도 했고, 개인 부채가 2억원이 넘어가는데, 도저히 해결할 방법이 없어서 잠을 이루지 못하는 날도 많았다고 한다.

> "그렇게 어려울 때마다 드는 생각은 더 배우고 연구하며 성장해야 한다는 것입니다. 그리고 무엇보다 우리 기업의 핵심 말씀(마태복음 25장 40절)과 초심을 잃지 않고, 성령 안에서 믿음으로 끊임없이 도전해야 한다는 것입니다."

그와 같은 어려움을 딛고 결국 2016년 히즈빈스는 대한민국 기업들의 장애인 고용을 컨설팅하는 사업을 통해 흑자로 전환할 수 있게 되었고, 현재는 전 직원의 3.1%를 장애인 직원으로 고용해야 하는 모든 중견기업, 대기업의 장애인 의무고용을 컨설팅하는 대한민국에서 유일한 장애인 고용 컨설팅 기업으로 성장하게 되었다.

2008년, 말씀에 바탕을 둔 한 사람의 소명과 비전에 따라 '향기내는사람들'이라는 한 알의 씨앗이 심겼다. 그것은 이 세상에 있는 모든 장애인들과 함께 행복하게 일하는 열매를 맺기 위한 꿈을 품은 씨앗이었다. 그 씨앗은 지난 10년간 임정택 대표가 보인 사랑, 소통, 그리고 탁월함을 추구하는 포기하지 않는 믿음의 리더십과 여러 동역자들 및 돕는 손길들을 통해 새싹을 틔우고 조금씩 자랄 수 있었고, 이제는 세계 열방으로 나아가 아름다운 꽃을 피우려 한다.

그 꽃을 피워 향기를 낼 수 있는 이유에 대하여 임정택 대표는 다음과 같이 말했다.

> "무엇보다도 믿는 우리 지체들이 그리스도의 향기이자 편지이기 때문이며, 나아가 지금도 이 세상에서 외로움과 고통 가운데 살고 있는 수많은 장애인들이 전문가가 되어 자립해서 행복하게 살아가는 열매를 맺게 하실 분이 하나님이시기 때문입니다."

앞으로 '향기내는사람들'과 이와 같은 비전을 가지고 기독경영을 추구하는 많은 기업들을 통해 지역사회 곳곳의 지극히 작은 자들이 지속적으로 주님 안에서 변화될 것이며, 대한민국 전역과 전 세계에 있는 이들에게 하나님의 일하심과 복음이 전파될 것이라 믿는다.

[히즈빈스에서 함께 일할 때 지키는 7가지 원칙]

1. 우리는 모든 장애인들과 함께 행복하게 일하는 세상을 꿈꿉니다.
2. 우리는 함께 기도로 일을 시작하고 기도로 일을 마칩니다.
3. 우리는 직원들의 강점을 발견하고 진심으로 서로 사랑합니다.
4. 우리는 일하는 시간 동안 나와 동료의 행복한 성장을 우선으로 여깁니다.
5. 우리는 어떤 어려움에 부딪히더라도 적극적으로 소통하며 함께 방법을 찾습니다.
6. 우리는 선생님들의 지지자들과 함께 소통하며 안정적인 직업유지를 위해 노력합니다.
7. 우리는 역량강화를 위해 지속적으로 공부하며 도전합니다.

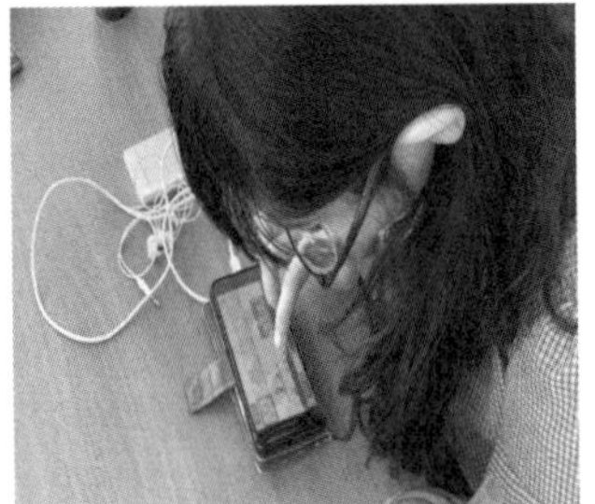

히즈빈스 가상현실(VR) 직업교육 실제 사진

장애인 고용 컨설팅 시범사업

Good Business

건강한 제품으로 인류와 행복을 공유하는 리디아알앤씨

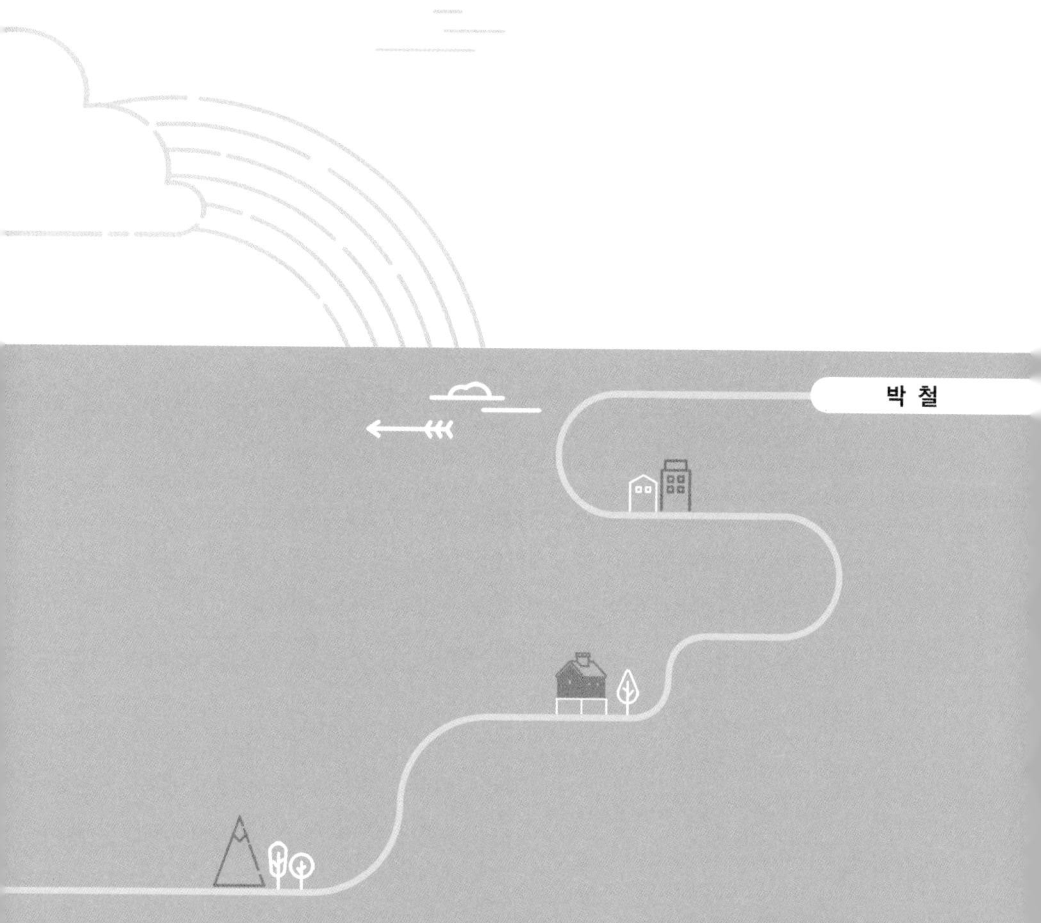

침구류와 의류를 생산, 판매하는 리디아알앤씨는 작지만 강한 중소기업이다. 임미숙 대표의 영성을 기반으로 바르고 탁월하게 운영하는 이 기업은 기업 성장과 수익뿐 아니라, 임직원들의 성장과 고객 성공을 이끌고 있다.

본 사례는 리디아알앤씨의 경영을 기독경영원리에 따라 분석하고, 시사점을 찾아보고자 하였다. 다양한 2차 자료와 대표와의 직접 인터뷰와 기업방문을 통해, 당사는 창조, 책임, 배려, 공의, 신뢰, 그리고 안식의 기독경영원리에 충실한 경영활동을 하고 있었다. 그 결과, 많은 경영성과를 내고 있었으며, 직원과 고객들의 만족도와 평판은 높은 것으로 나타났다.

작지만 강한 기업 리디아알앤씨

(주)리디아알앤씨는 경기도 고양시 일산에 소재하면서 침구류(배게, 이불)와 유아복 및 완구를 생산, 판매하는 기업이다. 임미숙 대표이사는 1980년대 중후반, 약 3년간 (주)삼성물산에서 근무하면서 무역에 대해서 눈을 떴다. 대학을 졸업한 후 임 대표는 프리랜서 무역 중개상(commission agent)으로 중국무역에 뛰어들었다. 이 과정에서 그녀는 무역에 대한 전문지식을 쌓았다. 2000년 5월에는 개인사업자로 리디아무역이라는 상호를 출범시켰고, 2002년에 ㈜스콜로스 헬렌스타인코리아로 법인기업을 설립하게 되었다. 2005년에는 리디아무역과 ㈜스콜로스 헬렌스타인코리아를 합병하여, ㈜리디아알앤씨를 설립하였다.

리디아알앤씨는 배게와 이불 등 침구류를 중국공장에서 생산하여 주로 유럽 시장으로 수출하는 기업으로 출발하였다. 비록 중국산 제품을 선진국에 수출하였지만, 'Made in China but Handle by Lydia'라는 슬로건으로 바이어들에게 신뢰감을 주었다.

리디아알앤씨는 주식회사 법인이며 자본금은 5억원으로 출발하였다. 본사는 자신의 거주지와 섬기는 교회와 가까운 경기도 고양시 일산으로 하였다. 특별히 일산은 자신이 섬기고 싶어 했던 일명 직업적 과부, 즉 경력 단절 여성이 많은 곳이었다. 일산 거주의 경력 단절 여성으로 직원채용공고를 내자 고학력의 우수한 여성 인재들이 몰려와 직원채용에도 어려움이 없었다.

2002년 11월 회사법인을 설립하고, 곧바로 침구류 브랜드인 헬렌스타인을 런칭하였다. 헬렌스타인은 거래하던 독일 업체가 가지고 있던 브랜드였는데, 당시는 크게 유명하지 않았지만, 독일의 국가 이미지가 좋고 앞으로 이 브랜드를 통해 사업을 확장할 기회가 있을 거라 생각해서 라이센스를 제안했고, 당시 바이어가 리디아와의 거래를 통해 회사가 크게 성장하고 많은 이익을 취하였기에 이를 리디아알앤씨가 무상으로 사용하게 해 주었다. 헬렌스타인은 '유럽형 프리미엄 호텔식 침구 전문 브랜드'로 포지셔닝하였다. 원래 중국 공장까지 합작으로 설립하여 생산기지를 가지고 있었지만, 지금은 공장을 모두 매각하였다. 결국은 브랜드 비즈니스를 해야 한다는 것을 깨달았다.

리디아알앤씨는 전형적인 B2C 영업을 하고 있다. 베개, 이불 등 침구류와 유기농면 소재 유아복 및 인형을 통해 2014년 85억6천만원, 2015년 104억9천만원, 2016년 103억 5천만원, 2017년에는 122억 9천만원, 그리고 2018년에는 134억4천만원의 매출액을 달성하였다. 2018년 기준 매출액성장율 9.3%, 영업이익은 10억2천만원(영업이익률7.6%), 당기순이익은 9억 500만원이었다. 해외는 주로 유럽과 미국에 현지 유통업체(예: Lidl, QVC)에 수출하고 있고, 국내에서는 주로 홈쇼핑과 인터넷 쇼핑몰, 오픈마켓 등을 통해 온라인판매를 주로 하고 있다. 수출 비중은 전체매출액의 약 10~20% 정도이다.

리디아알앤씨가 보유한 브랜드는 헬렌스타인과 블레스네이처 두 가지이다. 하지만 이러한 신생 브랜드는 인지도가 매우 낮았고, 판로를 개척하기 쉽지 않았다. 오프라인 판매거점을 구축하는 것은 많은 자본과 인력이 필요했다. 그래서 과감하게 개척한 것이 바로 온라인 채널이었다. 2003년에 거래하던 바이어의 소개로 독일의 홈쇼핑 QVC에 헬렌스타인 납품을 시작하여 2005년에 누적매출 6천만유로를 기록하였다. 이 기세를 몰아 2006년에 우리나라의 GS홈쇼핑을 통해 판매를 시작하였고, 롯데닷컴, CJ몰, 이베이, G마켓 등으로 온라인 채널을 넓혀갔다.

특히 타겟고객층인 젊은 여성들이 주로 온라인을 통해 침구류를 구매하면서 가성비가 좋은 제품으로 금방 입소문이 났다. 헬렌스타인의 다운필 베개는 2개에 2만5천으로 저렴하면서도 수면베개라는 별칭을 얻을 정도로 인기가 높았다. 뿐만 아니라, 유럽풍의 호텔식 침구라는 브랜드 컨셉을 타겟고객층에게 어필한 것은 적중하여, 고급스러우면서도 가성비 좋은 침구브랜드로 자리 잡게 되었다. 온라인이라는 저비용 고효율의 유통채널을 효과적으로 활용한 것이 리디아알앤씨 성장의 비결이었다. 현재 침구류에서는 (주)슬립앤슬립과 (주)한스와 더불어 선도업체이며, 온라인 침구류 판매에서는 1위를 달리고 있다.

블레스네이처(Bless Nature)는 원래 2009년 오가닉숍에서 2015년 변경한 새로운 브랜드이다. 블레스네이처는 유기농 면을 소재로 한 유아복과 인형을 주로 취급하고 있다. 유기농 면으로 만든 유아복 브랜드로 시작하여 출산용품, 이불, 인형 등으로 품목을 확장하였다. 아가들이 물고 빨아도 안전한 유기농 면에 염색을 하여 약간의 고가로 출시했는데, 실적은 빨리 오르지 않았다. 그런데 의외로 유기농 소재로 된 인형이라 그런지 소위 '애착인형'이라는 별칭으로 히트를 쳤다. 2014년에 상해법인을 설립하고, 현재 중국 북경, 장자강, 예청, 항주, 성도, 우시, 짱인 등 11개 매장을 오픈하였다. 중국에서의 유기농 유아복에 대한 반응은 뜨거웠다.

리디아알앤씨의 직원 수는 28명 안팎이다. 채용 시에 지원자의 학력, 성별, 나이, 스펙을 보지 않는다. 기독교인은 특별히 우대하지도 않으며, 사내 기독교인 비율은 50%가 채 되지 않는다. 채용 시는 교인 여부보다는 철저히 직무전문성과 기업적합성을 따진다. 임 대표는 오히려 비기독교인이 입사하게 되면 전도의 기회를 만들 수 있어 좋다고 하였다.

리디아알앤씨의 조직은 [그림－1]과 같이 경영지원과 경영전략 부분의 스탭조직이 있고, 세일즈마케팅, 브랜드디자인, 생산·무역, 디자인생산(연구개발부), 고객행복, 인사총무, 물류센터, 중국법인 등의 8개 팀이 있다.

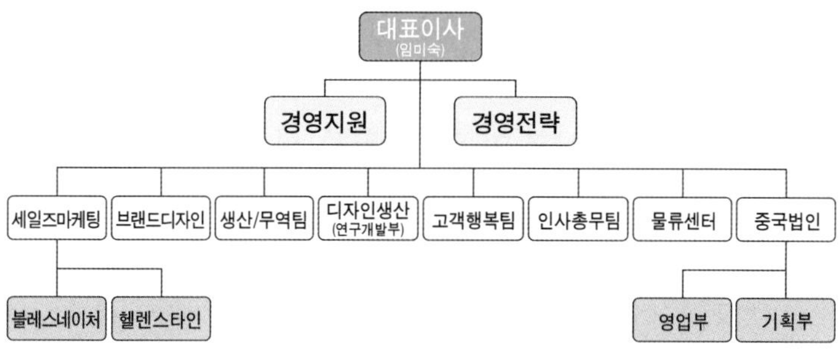

[그림－1] 리디아알앤씨의 조직도

건강한 제품으로 인류와 행복을 공유한다

리디아알앤씨의 기업 비전은 모든 사업 영역에서 건강, 인류, 행복, 삶의 진정한 가치를 실천하는 것을 최우선으로 하는 것이다. 아래 [그림－2]는 기업의 미션과 비전을 잘 나타내고 있다.

[그림－2] 리디아알앤씨의 로고

	바늘귀 3개를 형상화한 리디아알앤씨의 심벌은 20여 년간 침구, 의류 등의 섬유제품을 전문적으로 생산, 판매해 온 섬유전문기업으로서의 자부심을 표현하고 있습니다. (주)리디아알앤씨의 모든 가족은 열정과 신뢰를 바탕으로 늘 성장하며 이를 통한 가치 실현을 통해 구성원들의 행복을 고객과 함께 공유하는 데 최선을 다합니다. 리디아알앤씨는 지속적으로 '우리는 건강한 제품으로 인류와 행복한 삶을 공유한다.'라는 모토 아래 안심하고 사용할 수 있는 건강한 제품으로 인류에 공헌할 것입니다.

리디아알앤씨의 모든 가족은 즐거운 분위기 속에서 서로 협력하고 소통하며, 변화하는 환경 속에서 나와 우리뿐이 아닌, 협력사, 구성원들의 가족, 고객 등 연관된 모든 사람들의 행복을 최고의 가치로 삼고 있다. 리디아알앤씨의 모든 구성원들은 1년, 3년, 5년, 10년 후의 성장계획서를 갖고 각자의 꿈과 목표를 펼치고 있다. 그리고 신선하고 다양한 아이디어를 수용함으로써 다양성을 인정하여 변화하는 환경 속에서 쉼을 제공할 수 있는 편안하고 행복한 라이프 스타일을 만들어 가고 있다. 이 과정에서 늘 열정이 가득하여 서로를 존중하는 올바른 기업문화를 만들어 가고 있다.

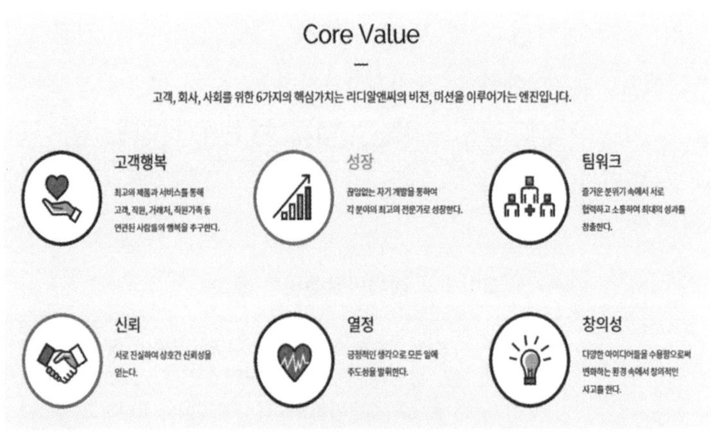

[그림 – 3] 리디아알앤씨의 Core Values

[그림－3]과 같이 리디아알앤씨의 비전과 미션을 이루어가는 엔진은 고객, 회사, 사회를 위한 6가지의 핵심가치이다. 첫째는 고객 행복으로 최고의 제품과 서비스를 통해 고객, 직원, 거래처, 직원 가족 등 연관된 사람들이 행복을 추구한다. 둘째는 성장으로, 끊임없는 자기개발을 통하여 각 분야의 전문가로 성장한다. 셋째는 팀워크로, 즐거운 분위기 속에서 서로 협력하고 소통하여 최대의 성과를 창출한다. 넷째는 신뢰로, 서로 진실하여 상호간 신뢰성을 얻는다. 다섯째는 열정으로, 긍정적인 생각으로 모든 일에 주도성을 발휘한다. 여섯째는 창의성으로, 다양한 아이디어들을 수용함으로써 변화하는 환경 속에서 창의적인 사고를 한다.

리디아알앤씨는 2022년까지 브랜드 고객 만족도 1위와 대한민국 일하기 좋은 기업에 선정될 수 있도록 고객과 회사, 직원, 협력사 등 연관된 모든 사람들의 행복을 최고의 가치로 삼는 비전을 가지고 있다. 리디아알앤씨는 2022년까지 브랜드 고객만족도 1위, 매출액 500억원, 전부서 통합관리 시스템구축, 특허 및 실용신안 3개 이상 보유, 대한민국 일하기 좋은 기업 선정, 지역사회 봉사 및 기부, 교육아카데미 설립, 연1회 직원 해외연수, 장기근속자 가족 여행비 지원 등을 달성하고자 한다.

리디아알앤씨의 신입 및 경력사원은 3개월의 연예기를 거쳐 정식직원이 된다. 3개월 수습기간 중 OJT기간에는 본인과 상사의 평가뿐 아니라, 전 직원이 투표로 정식직원을 결정한다. 무경력 신입사원의 연봉수준은 약 3000만원 정도이다. 신규 사원 입사 시 빠른 적응을 위해 팀 내에서 정해진 선임(기존 입사자)이 여러 가지 도움을 주는 엠버서더(Ambassador) 제도를 운영하고 있다. 점심식사를 같이 하고, 오후에 티타임을 가지면서 업무뿐 아니라 소소한 개인안부도 묻는 멘토링 제도이다.

리디아알앤씨의 조직은 매우 수평적이다. 즉, 모든 직원이 직무는 있으나 직위는 없다. 즉, 직급이 아닌 업무 중심의 수평적 문화이다. 모두가 영어이름을 가지고 있으며 그대로 부른다(예: Jenny, Sam, Lydia). 대외적인 직급은 팀장, 부팀장밖에 없다. 임 대표는 모든 직원을 경영자로 생각한다. 그래서 크게 지시하는 일도 없다. 자기의 고유한 업무영역이 있고, 그 일을 열심히 해서 연말에 성과평가를 받는 것 뿐이다.

현대판 고아(실업 청년)와 과부(경력 단절 여성)를 사장으로 성장하게 하는 것이 임 대표의 인력관리의 목표이다. 그래서 중소기업임에도 불구하고 많은 교육이 있다. 신입 및 경력사원 입문과정, NCS아카데미, 북세미나(JP교육), 팀장코칭, 미니 MBA, 해외견학프로그램 등 연중 수시로 교육의 기회가 주어진다. 이를 통해 직무역량을 키우고 기업의 핵심가치를 내재화한다.

기독경영원리 : JuST ABC

여기서는 리디아알앤씨를 여섯 가지의 기독경영원리(박철 외, 2018)로 분석해 보고자 한다. 6가지의 기독경영원리는 창조, 책임, 배려, 공의, 신뢰, 안식이다. 그리고 이들의 강력한 토대가 되는 것은 영성이다.

1. 창조

창조의 원리는 목적지향, 주인의식, 그리고 혁신성의 3가지 구성 요소로 되어 있다. 먼저 목적지향 측면에서 리디아알앤씨는 '건강한 제품으로 인류와 행복한 삶을 공유한다'는 분명한 미션을 가지고 있다. 그리고 기업의 비전과 미션을 이루어가는 엔진으로 고객, 회사, 사회를 위한 6가지의 핵심가치를 분명히 가지고 있다. 또한 2022년까지 브랜드 고객 만족도 1위, 매출액 500억원, 전 부서 통합관리 시스템구축, 특허 및 실용신안 3개 이상 보유, 대한민국 일하기 좋은 기업 선정, 지역사회 봉사 및 기부, 교육아카데미 설립, 연1회 직원 해외연수, 장기근속자 가족 여행비 지원 등의 비전을 구체적으로 가지고 있다.

두 번째로 주인의식 측면에서 리디아는 수평조직을 유지하면서 각자가 주인의식이 뚜렷하다. 일단 공식적인 직급(예: 대리, 과장, 부장)이 없으며, 호칭도 영어이름인 Lydia, Alexa, Silbia, Tom 등으로 불린다. 그리고 각자가 주도하는 업무가 분명히 있으며, 급할 때는 대표이사가 물류센터에서 제품 패킹을 해야 할 정도이다. 직원 각자의 주인의식이 얼마나 강한지, 외부인이 기업을 방문하면 모두 대표의 친인척들이냐고 오해를 할 정도이다. 이러한 주인의식과 주도성은 JP세미나, 미니 MBA, 해외연수 등 사내 교육의 적극적인 참여에서도 잘 드러난다. 모두 각자가 성장하고자 하는 열망이 있어서 업무의 주도성을 가지고 다양한 창의적 아이디어를 발산한다.

세 번째로 리디아는 대단히 혁신적인 기업이다. 일단 비즈니스 모델에서 제품유통(판로)의 혁신을 이루었다. 즉, 침구류의 판매를 거의 온라인과 모바일 채널을 통해서 판매하고 있다. 이를 통해 가격혁신을 이루었을 뿐 아니라, 고객들의 온라인 리뷰는 자연스럽게 저비용의 홍보수단이 되었다. 제품 측면에서도 비싸면서도 동물복지에 어긋나는 다운필(오리털)을 사용한 것이 아니라, 고품질의 인조다운필을 활용한 베게를 만들었다. 이를 통해 다운필 베게의 가격을 혁신적으로 낮추었다. 조직운영의 새롭고 창의적인 아이디어가 계속 나오는 것은 직원들의 혁신제안과 성과급을 연계했기 때문이다.

리디아에서는 끊임없이 뭐가 더 좋을까 토론한다. 스스로 질문을 던지고, 고객들로부터 알아보고, 집에 가서도 궁리한다. 한마디로 자기 일을 사랑하는 직원들로 가득 차 있다. 그 결과, 리디아는 NICE 평가정보 기술평가 우수기업 인증, 경영혁신형 중소기업 Main-Biz 인증획득, 한국산업기술진흥협회 오가닉디자인 연구개발부서 인정을 받았다.

2. 책임

책임의 원리는 준법, 지속가능성, 그리고 사회적 책임의 구성요소로 이루어져 있다. 먼저 리디아는 철저히 준법 경영을 한다. 즉, 철저하게 법을 지키며, 법적 책임을 다한다. 창사 이래 단 한 건의 불법행위나 불법으로 인한 소송이 없었다. 노동법, 제조물책임법, 소비자보호법 등을 철저히 준수하며, ICR 인증원 환경 경영시스템 (ISO 14001) 인증을 받았다. 임 대표 스스로 손해 보는 일이 있더라도 반드시 법을 지키고 투명하게 경영한다는 신념이 강하다. 100% 전자세금계산서를 발급하기 때문에 탈(절)세는 전혀 없다. 법을 어긴다면 절대 오래가는 기업을 만들 수 없다는 신념이 확고하다. 회사 규정도 준법에 대한 강력한 요구들이 포함되어 있다.

두 번째로 경제적 책임을 철저히 감당하고 있다. 창사 이래, 연 매출성장율 20%이상, 매출이익율 10%가 지속되고 있다. 임대료, 이자, 급여, 배당금 등을 제때 지급하지 않은 적이 한 번도 없다. 그래서 중소기업진흥공단 고성장기업 수출역량 강화사업 기업으로 선정되었고(2015, 그림 4 참조), 이베이코리아 2016년 Best Partner사 선정, CJ오쇼핑 Partners Club 2016 Member 선정, 롯데닷컴 20주년 기념 우수기업으로 선정되었다. 이처럼 기업 본연의 사업을 잘하면서 수익을 냄으로써 지속가능성이라는 책임을 다하고 있다.

사회적 책임을 다하기 위해 우선 고용 면에서 임 대표는 고아와 과부를 돌본다는 독특한 신념을 가지고 있다. 즉, 경력 단절 여성들을 이 시대의 과부로, 취업에 고단한 청년들을 이 시대의 고아로 보고, 이들을 고용하고 성장시키기 위해 노력하고 있다.

이를 통해 리디아는 이미 경기가족친화 일하기 좋은기업 인증(2015)을 받았고, 한국산업인력공단으로부터 일학습병행제 기업으로 선정(2016)되었으며, 2016년 경기도 여성고용 우수기업으로 선정되었다. 그 외에도 취약계층 청소년 멘토링 지원도 아끼지 않는 등 사회적 책임을 다하고 있다.

[그림-4] 리디아가 획득한 각종 인증들

3. 배려

배려의 원리에는 포용, 호혜, 나눔의 세 가지 구성 요소가 포함되어 있다. 먼저 리디아알앤씨는 포용의 문화를 가지고 있다. 임 대표가 먼저 고아와 과부로 생각하는 청년과 경력 단절 여성을 품기 위해 기업을 시작했을 정도이다. 청년인턴은 원하는 중고교 학생들에게도 개방하여 일터 체험을 하게 한다. NGO 러빙핸즈를 통해 취약계층의 청소년들을 포용하고 있다. 그 해 가시적인 성과가 당장 나지 않는 신입사원들도 포용하여, 성과급을 지급하는 배려를 하고 있다. 비기독교인들도 환영하여 종교적 차별을 주지 않는다. 사실 많은 비기독교인들이 리디아에 입사하여, 기독교에 관심을 가지고 신앙을 갖기도 한다. 이런 것이 직접적인 축호전도를 통해서가 아니라, 일터에서 성경적 경영을 잘 실천한 결과이다. 이러한 포용의 정신은 모든 사람의 행복을 최고의 가치로 삼는 회사의 목표와 일치하고 있다.

호혜는 상호이익을 추구하는 것인데, 먼저 고객들과 호혜하고 있다. 즉, 리디아는 가성비 높은 침구를 제공하고, 아토피 방지와 피부건강을 추구하는 유기농 소재 유아복과 애착인형을 제공하면서 고객들로부터 수익과 사랑을 받고 있다. 철저히 고객을 먼저 이롭게 하면 저절로 나도 이롭게 된다는 호혜의 정신으로 기업을 운영하고 있다.

대표적인 조직은 고객행복팀이다. 비록 힘들지만 고객접점에서 즉시 문제를 해결해 줌으로써 고객들을 만족시키고 행복하게 해 준다. 심지어 고객에게 직접 찾아가서 문제를 해결해 주기도 한다. 이러한 고객들은 대개 단골이 되고, 주변에 본사에 대해서 긍정적인 구전을 퍼뜨린다.

그리고 직원들을 배려하는 여러 가지 제도를 가지고 있다. 그들의 열정에 보상하기 위해 순이익 10%를 성과급으로 배분한다. 또한 전 직원 해외연수나 교육프로그램은 직원 개인의 성장뿐만 아니라, 조직의 발전도 가져오는 호혜의 결실이 된다.

끝으로 리디아의 나눔의 대표적인 사례는 NGO단체 러빙핸즈를 통해 취약계층의 청소년에게 멘토링을 지원하는 것이다. 이것은 각 직원들이 어려운 1명의 아동을 끝까지 1:1로 돌보는 프로그램인데, 이미 보건복지부 장관상을 수상하기도 하였다.

4. 공의

공의의 원리는 형평, 평등, 그리고 공평의 구성 요소로 되어 있다.

먼저 형평은 '심은 대로 거둔다'를 의미하는데, 리디아의 대표적인 사례는 바로 순수익의 10%를 직원들의 열정과 성과대로 배분하는 성과급제이다. 그래서 열심히 하는 사람에게 보상하는 형평의 제도를 확실히 운영함으로써 공의의 원리를 지키고 있다. 내부 전사적자원관리시스템(ERP)에 의해 언제든지 자신의 성과급을 확인할 수 있다. 또 그 평가기준에 대해서 이의가 있거나 불만이 있으면 얼마든지 토의를 통해 교정하기도 한다. 그래서 열심히 일에 몰입하고, 태도를 바꾸기도 하며, 창의적인 아이디어를 내기도 한다. 모두 자기주도적으로 최선을 다해 일을 한다.

두 번째는 평등인데, 이는 성별, 연령, 종교, 학력, 출신지 등 출신 배경에 따른 차별이 없는 것이다. 성차별이나 학력 차별은 전혀 없으며, 철저히 능력과 성과에 의해 평가받는다. 그리고 수평적인 기업문화를 이미 무직급, 영어이름 호칭 등에서 달성하고 있으며, 가능하면 점심도 한 밥상에서 먹으며 허심탄회하게 소통한다. 임 대표도 손이 부족하다 싶으면 바로 물류센터로 달려가 제품 포장을 해야 할 정도로 권위와 위압이 존재하지 않는다.

세 번째로 리디아에는 치우치지 않는 공평함이 존재한다. 예를 들면, 급여에 있어서도 부분적인 필요베이스(Need Base)를 가지고 있다. 예를 들어 똑같은 경력의 같은 일을 하는 사람들에게 동등한 기본급여를 부여하나, 다자녀 가장, 홀벌이 가장, 자취생 신입사원 등은 그렇지 않은 자들보다 약간의 수당으로 더 배려하고 있다. 물론 이것도 다른 직원들의 동의를 구해서 실시한다.

5. 신뢰

신뢰의 원리는 진실, 투명, 일관의 구성 요소로 이루어져 있다. 리디아알앤씨는 비즈니스 자체가 거의 온라인으로 이루어지고, 사내 ERP시스템에 의해 모든 경영활동은 투명하고 정직하게 운영되고 있다.

첫째로 모든 것은 거짓 없이 진실하게 운영한다. 100% 전자세금계산서에 의해 거래하므로 정직한 세금보고를 하고 있으며, 경영보고, 실적보고도 시스템에 의해 진실되게 이루어진다. 직원의 불만은 시스템 구축의 원동력으로 보고, 누구든지 진실되게 불만을 이야기하도록 한다. 끼리끼리 속닥거리거나 거짓된 소문을 퍼뜨리지 않는다. 그럴 필요가 없기 때문이다.

두 번째로 투명한 경영을 하고 있다. 온라인 거래의 속성상 모든 거래데이터, 고객의 소리가 숨김없이 드러난다. 또한 모든 직원들과 같이 직접 경영계획을 수립하고 성과를 체크하며, 수익 · 손실의 통로(또는 책임소재)가 투명하게 드러난다. 전 직원은 매주 금요일 조회를 통해 미션과 핵심가치를 공유하고, 다음 주 있을 모든 부서의 일들을 투명하게 공유한다. 특정인만 알고 있는 정보는 거의 없다. 심지어 사옥이전을 위한 부지매입과 건축비에 관한 정보도 전 직원이 늘 공유하였다. 그래서 사장이 없어도 전직원들이 알아서 해야 할 일을 책임지고 진행한다.

세 번째로 일관성은 바로 원칙에 의한 경영으로 실천하고 있다. 예를 들어 성과급, 필요에 의한 기본급, 고객응대법에 대해서는 그 기준에 대해 충분히 논의한 뒤, 원칙이 정해지면 일관성이 있게 지킨다. 사람에 따라, 상황에 따라 원칙을 쉽게 바꾸지 않기 때문에 모든 경영활동이 예상가능한 범위에서 이루어진다. 과도한 억지를 쓰거나 속임수를 쓸 필요가 없다.

6. 안식

안식의 원리는 그침과 쉼, 관계의 누림, 그리고 영혼의 풍요로 구성되어 있다. 먼저 리디아에는 그침과 쉼이 있다. 7년차 직원들에게는 1달의 유급휴가가 제공된다. 전직원은 15회의 연차를 부여받고 반드시 써야 한다. 육아휴직 시에는 출산장려금 100만원을 지급하며, 탄력근무제를 실시하고 있다. 임 대표 스스로가 이런 휴가를 다 쓰며, 회사를 많이 비운다. 사장이 없어도 회사가 잘 돌아가야 한다는 게 임 대표의 지론이다. 직원들이 쉴 수 있는 고품격이 카페테리아를 운영 중이며, 우수사원에게는 해외 견학을 지원하고 있다.

두 번째로 관계의 누림을 장려한다. 회사 밖에서 아기 엄마들끼리는 시장구경도 같이 갈 정도로 관계들이 좋다. 직원들과의 좋은 관계를 위해 시무식, 종무식, 송년회에서 신나는 파티를 연다. 사옥의 옥상은 언제나 루프탑 파티가 열릴 수 있도록 준비되어 있다. 신입사원들의 안착을 지원하기 위해 앰버서더 제도를 운영하고 있다. 이는 점심시간과 티타임을 이용하여, 신입사원들이 조직에 잘 적응할 수 있도록 상담하고 돕는 프로그램이다.

[그림－5] 리디아알앤씨의 밥상공동체 : 관계의 누림

세 번째로 영혼의 풍요를 누리고 있다. 특히 가정이 평안하고 잘되어야 영혼의 풍요를 누릴 수 있다는 것이 임 대표의 지론이다. 좋은 가정을 위한 자녀교육, 부부관계 등을 위해 비공식적인 지원을 한다. 그리고 이를 통해 비록 직장이지만 기쁨과 감사가 넘치게 하고, 영혼구원(전도)의 거름이 되고 있다.

[그림－6] 리디아의 파티문화

7. 영성의 리더십

임 대표는 사장의 거룩함을 항상 생각한다. 레위기 19:13의 “너는 네 이웃을 억압하지 말며, 착취하지 말며, 품꾼의 삯을 아침까지 밤새도록 네게 두지 말며”의 말씀을 명심하고 있다. 사장은 직원들의 생계적 책임을 지고 있기 때문에 월급날 오전 8시 이전에 반드시 임금을 지불하고 있다고 했다. 선교단체 IVF에서 훈련받고, 지역교회에서 충실히 봉사해 왔던 임 대표의 경영의 토대는 바로 신앙이다. 자녀를 백혈병으로 잃는 아픔을 겪은 고난을 통해 다시 일어난 것도 하나님을 향한 소망이었다. 비즈니스 또한 영성의 토대 위에서 하려고 하며, 이것이 바로 사장으로서의 거룩함을 지키기 위함이라 할 수 있다.

표방하지 않고도 향기 나는 기독경영

임미숙 대표의 리더십은 리디아알앤씨 성공의 핵심 중 하나이다. 그녀는 일단 솔선수범한다. 주문이 많이 들어와 물류센터의 일손이 부족하면 임 대표도 직접 나가 포장작업을 한다. 각자 직무에 독립성을 부여하고 간섭하지 않는 자율경영을 하고 있다. 이것이 가능한 이유는 한번 정한 원칙은 끝까지 관철하고 직원들과 신뢰관계를 형성하기 때문이다. 임 대표는 가능하면 직원들의 언어로 소통하고, 최고경영자로서 강한 요구사항은 직접적으로 하기보다는 전문가의 입을 빌어 간접적으로 전달하여 설득력을 높인다. 자신뿐 아니라, 직원들도 지속적으로 배우고 새로운 것을 습득하게 하는 학습조직을 운영하고 있다.

리디아알앤씨는 대내외적으로 기독교 기업을 표방하지 않는다. 회사 내에서 기독교인이 되라는 강요나 노골적인 전도를 하지 않는다. 사내 예배도 없으며, 성경공부, QT모임도 없다. 회사의 수익을 선교사역이나 교회를 개척하는데 지원하지도 않는다. 하지만 리디아알랜씨의 구성원들의 영혼은 풍요롭다. 늘 공동체의 감사와 기쁨이 넘치고, 서로를 배려하는 분위기가 정착되어 있다. 이러한 분위기는 전도의 자양분이 된다.

비신자 직원들은 임 대표를 비롯한 기독교인 직원들부터 선한 영향을 받고, 진지하게 기독교에 대해서 배우기를 원한다.

임 대표는 많은 기독교인들이 죽을 각오로 해외선교지에 가는 심정으로 기업에 와서 일하면 그것이 선교라고 주장한다. 기업경영을 한다는 것은 온몸으로 자신을 보여주는 일이기 때문에 모든 말과 행실에서 진실되게 최선을 다하고 있다.

리디아알앤씨는 이제 막 비즈니스를 본 궤도에 올렸고, 숙원이었던 중국시장에 진출하였다. 중국시장은 2017년에 우리나라의 사드배치로 타격을 입은 바 있다. 과연 11개의 매장을 오픈한 중국시장에서 리디아알앤씨는 이 파고를 넘을 수 있을지 좀 더 두고 봐야 한다. 또한 기업이 급성장하면서 규모가 커질 때도 지금과 같은 분위기와 문화를 유지할 수 있을지도 지켜봐야 한다.

하지만, 신실한 크리스천 경영자가 외형적이고 종교적인 모습이 아니라, 일터 현장에서 참된 그리스도의 제자도를 지키며 성경적 경영을 하고 있기에 실제 경영성과도 높은 리디아알앤씨는 많은 도전감을 주는 기업이다. 기독경영의 6가지 원리가 경영 현장에서 발현될 때, 기업은 선한 공동체적 특성을 드러내고, 더불어 내부구성원과 외부고객을 진정으로 섬기고 있음을 리디아알앤씨는 보여주고 있다.

기독경영의 원리들은 단순히 규범적이고 선언적인 것이 아니라, 기업현장에서 실천 가능하다. 그리고 이를 통해 좋은 경영·기업을 만들어, 이웃을 섬기고, 하나님께 영광을 돌릴 수 있을 것이다.

Good Business

10년차 주부, 인코칭으로 개인 코칭의 문을 열다

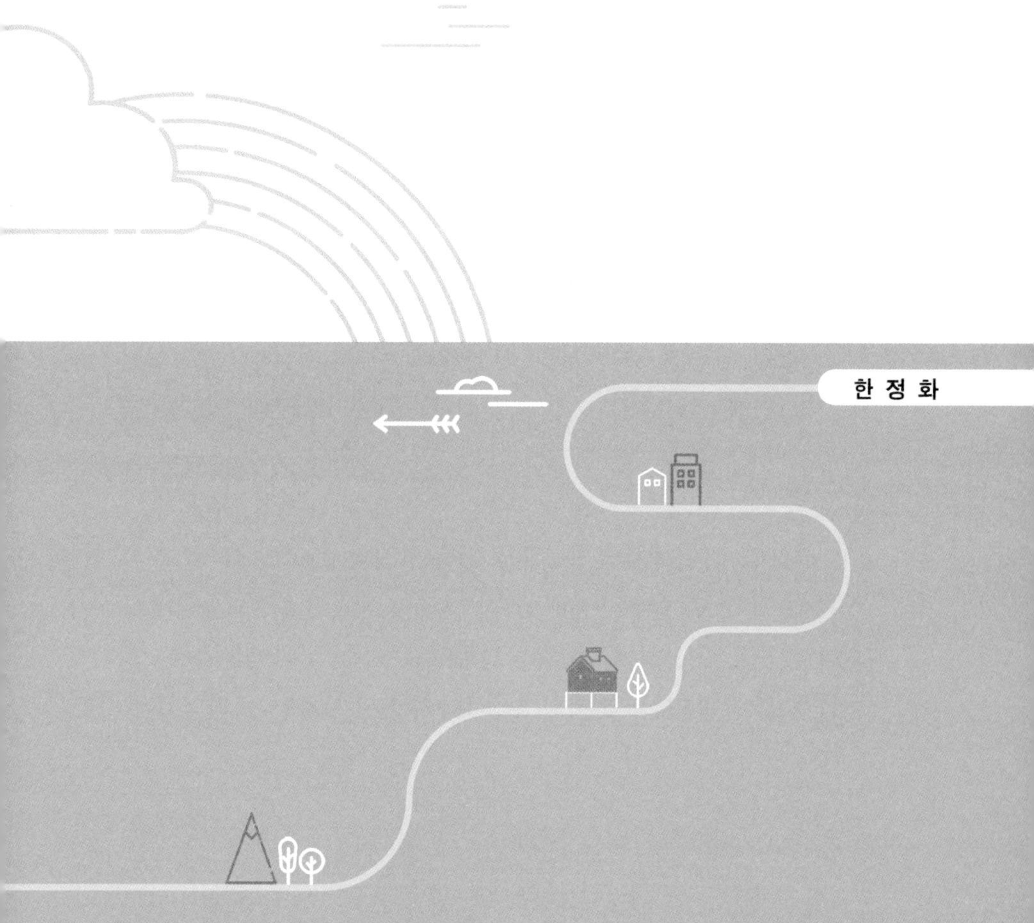

10년차 주부 홍의숙, 개인 코칭의 문을 열다

인코칭은 국내 코칭 산업을 이끌어온 한국 최초의 비즈니스 코칭 전문 기업으로서 홍의숙 대표가 8명의 직원과 함께 운영하고 있으며 50여명의 파트너 코치가 함께 하고 있다. 홍 대표는 우리나라의 코칭 산업의 선구자로서 지난 27년 동안 리더십이란 한길만 걸어 오면서 1년에 100군데가 넘는 기업에 리더십 코칭을 하고 있다. 회사 설립 후 지난 16년 동안 국가기간 및 공기업으로부터 국내 유수 대기업, 중소기업, 글로벌 기업까지 1,500개가 넘는 다양한 조직들이 인코칭의 코칭 프로그램을 통해 조직에 긍정적인 변화를 만들어 냈다. 삼성, LG, 현대 등 대기업과 다수의 중소기업은 물론 청와대, 국무총리실, 국정원 등 국가기관 종사자들의 리더십 함양과 조직 변화에 도움을 주어 왔다. 현재 해외 50여개 국가 종사자들에게도 인코칭 교육을 해왔으며, 자체 개발한 한국형 코칭 컨텐츠를 수출하고 있다.

인코칭 홍의숙 대표는 고등학교 교사를 하다 결혼 후 10년 동안 전업주부 생활을 하던 중 1992년 데일 카네기 코리아 사장에게 제안을 받아 강사 생활을 시작했다. 이 회사에서 외국의 리더십 교육을 우리나라에 공식적으로 들어오는 업무를 하게 되었고, 그때 처음 리더십 교육이라는 것을 접했다. 4년 동안 근무하게 되었는데, 미국 프로그램이다 보니 가격은 비싼데 교육이 1대 다수로 이루어지다 보니 개인에 대한 혜택이 약하다는 생각이 들었다고 한다. 그래서 어떻게 돕는 것이 좋을까 생각하다가 1대1로 만나서 개인에게 도움을 드렸다.

당시 개인 코칭을 하게 된 계기를 이렇게 말했다.

"그 당시 1인당 1,000불짜리다 보니까 너무 비싸서 오시는 분들이 제한돼 있었어요. CEO와 임원분들이 오셨는데, 비싼 교육을 하는데 좀더 잘해주고 싶은 마음이 있었어요. 그 당시 컨설팅 프로그램 중 55문항 질의응답이 있었는데 이를 바탕으로 무료로 서비스를 해주면 좋겠다 생각해서 1대1로 수강생을 만나 도움을 드렸어요. 그때 당시 그분들의 반응이 수업보다 1대1로 해주는 게 나한테 딱 맞고 좋다라는 반응이 있었어요."

그 일을 하면서 미국 프로그램이라 해도 이걸 그대로 해서는 만족도가 덜하고 자기 나름대로 방식으로 바꿔서 전달할 때 훨씬 고객들의 반응이 좋다는 것을 알게 되었다. 그래서 93년부터 미국 세미나에 가면서 언젠가는 한국에서 프로그램을 만들어 해외에 수출하겠다는 꿈을 갖게 되었다.

"저는 제가 굉장히 작은 인물이라 생각하는데 제 주제에 큰 마음이 들어오면 이건 하나님께서 주신 마음이라고 받아들여요. 내 주제에 할 수 있는 게 아닌데 내가 어떻게 이런 생각을 하지라고 생각하다가 하나님께서 나에게 사명을 주면 감당해야지 하고 마음을 품게 되었어요."

데일 카네기를 그만두고 잠깐 미국에 다녀온 다음에 98년부터 1인 기업을 시작하게 되었다. 기업이 변하는 모습을 보는 게 좋았고 긍정적인 영향을 미치는 리더십을 더 많이 알려주고 싶어 '앱연구소'를 차렸다. 데일 카네기 프로그램이 3개월에 사람을 변화시킨다 했는데 만족스러운 변화가 잘 안 되는 것을 보고 홍 대표는 '6개월 내지 1년으로 잡고 해야겠다' 고 생각했다.

초기에는 중소기업들을 대상으로 해서 시작을 했다. 이전에 알던 의류회사 사장의 요청이 있어서 모델이나 프로세스도 정립되지 않는 상태에서 6개월 프로그램을 시작했다. 그래서 1주일 1번 2시간 교육, 1시간 1대1 상담 교육을 했다. 그 당시 회사가 그룹 본사 잘못으로 부도가 나서 100명의 직원이 34명으로 줄어든 상태였다. 회사 분위기가 다운된 상태에서 도와 달라고 해서 교육을 하니 그 해에 바로 회사가 다시 일어서는 경험을 하게 되었다.

CEO와 임원들에겐 1:1로 코칭을 했고 중소기업은 전담 코칭이다 해서 교육과 코칭을 섞어서 했다. 전부터 아는 사람들이 있어서 처음부터 수익을 내면서 시작했다. 경영학 박사 한 명, 심리학 박사 한 명, 그리고 여직원과 홍 대표 이렇게 네 명이서 시작했다. 코칭은 홍 대표 혼자했고 비공식적인 파트너 코치들은 여럿 있었다. 이 사람들에게 홍 대표가 코칭 훈련을 하며 자신이 하던 방식을 심리학 박사가 구조화했고 코치들을 훈련하면서 스터디 모임을 운영했다.

현재 직원이 9명인데, 제일 많았을 때는 13명이었다. 한때는 건물 지하 1층부터 3층까지 다 썼던 적도 있다. 그 당시 연 매출이 10억대였는데 건물 임대료로만 2억 가까운 비용을 지불했다. 당시엔 코칭 사업의 선두주자였기 때문에 외부인들이 보는 것을 의식해서 마케팅 개념으로 사용했었다.

그러나 그 과정에서 정부나 공공기관을 대상으로 하는 B2G 사업의 실패로 손해를 많이 보았다. 개발한 프로그램에 비해 실행이 안 되는 게 많았고 인건비 등의 손해로 그만두었다. 관련 직원들은 다른 곳에 스카우트되어 헤어지게 됐고, 건물을 옮기다 보니 거리 문제로 그만두는 사람이 있어서 7명으로 줄었다. 그러다 최근 들어서 일이 많아져 두 명을 더 채용해서 9명이 되었다.

샘에서 강으로, 강에서 바다로

이러한 경험들을 통해 홍 대표는 교육과 1대1 컨설팅의 효과를 알게 되었고 2년 동안 세 곳의 회사를 상대하게 되었다. 반응은 매우 좋은데 혼자 할 수 있는 것에는 한계가 있다는 생각이 들었다. 여러 회사에서 검증이 되었으니까 중소기업만을 대상으로 하는 것에서 탈피를 해야겠다고 생각했다.

이러한 고민을 하고 있던 차에 2000년에 하이닉스 반도체 이사를 통해 사장을 만나게 되었다. 사장을 만나서 전문적인 코칭을 임원들에게 적용해 보고 싶다고 했더니 그분이 우리나라에 그런 사례가 없지 않냐 하고 반문을 했다. 홍 대표는 그간 자신의 경험과 경력을 설명해서 사장의 승인을 얻게 되었다.

그때 처음으로 대기업 임원 50명을 대상으로 프로그램을 운영하게 되었는데, 나중에 알고 보니 사장이 IBM 출신이어서 미국에서 코칭이라는 것을 알고 있었기 때문에 자기 회사에 적용해 보기를 원했다는 생각이 들었다고 한다.

"그때 그분이 저보고 '당신이 6개월을 하면 몇 퍼센트가 변화될 것을 기대하느냐' 해서 제가 '한 50%는 되지 않을까요' 했더니 사장은 '10%만 변화해도 좋다' 고 했어요. '직원이 12,000명이니까 임원의 10%만 변화해도 1200명에게 영향을 미치기 때문에 그 정도만 해도 엄청 고마운 것이니 편안히 생각하고 하라' 고 얘기해 주셨어요. 반도체 회사는 임원들도 모든 공정을 볼 수 있게 안 해주는데 저에게 프리패스를 주셔서 회사 모든 곳을 돌아다니며 50여 분을 모두 만나며 코칭을 했어요."

그 프로그램의 공식 명칭을 '리더십 카운셀링'이라고 불렀다. 그렇게 6개월을 했는데 반응이 매우 좋았다. 임원들이 주로 공학 박사들이라 이러한 프로그램을 처음 접하다 보니 효과가 긍정적으로 나타나게 되었다.

"그 당시 하이닉스는 현대와 LG가 합병되다 보니 현대는 LG출신 임원들을 보고 '관리에 너무 치우쳐서 답답하다' 하며 부정적으로 보고, LG는 현대 보고 '무조건 밀어부치는 스타일로 강하게 나간다' 고 하며 서로 문화가 안 맞아 일치되지 않는 거예요. 그래서 제가 다니면서 '이쪽의 좋은 점, 저쪽의 좋은 점을 보시라, 생산성의 차이도 별로 나지 않는다. 하지만 양쪽이 잘하는 것을 합하면 잘 할 수 있다' 고 하면서 이분들에게 성공한 케이스를 매주 이메일로 보내주기 시작했어요.
예를 들어 김 이사가 한 일을 다른 이름으로 바꿔서 일주일에 한 번씩 50분에게 이메일로 레터를 보내드렸어요. 여러분의 임원들께서 제가 가면 그걸 출력해 가지고 이게 내가 한 달 동안 사용할 수 있는 지침서가 되었다 하시면서 너무 좋아들 하셨어요."

홍 대표는 이때의 경험을 바탕으로 2003년도 '사장이 직원을 먹여 살릴까 직원이 사장을 먹여 살릴까?'라는 책을 출간했다. 그 책이 교보에서 베스트셀러 9위로 가는 바람에 온갖 언론에서 다뤄지고 유명세를 치르게 되었다. 당시엔 하이닉스 반도체 경영성과가 낮다 보니 모든 신규 사업을 멈추게 되어 더이상 프로그램을 지속할 수 없었다. 2003년도에 이 책이 나오고 그 당시 담당 과장이 사무실에 찾아와서 '공식적으로 알려진 것은 없으나 하이닉스가 다시 올라서게 된 것은 대표님의 그 작업이 정말 요긴했습니다'라고 말해주었다고 한다. 그 책의 인세로 창업자금을 마련하게 되었다.

작고 세심한 강의가 어느새 코칭으로

홍 대표가 데일 카네기에서의 경험을 바탕으로 코칭이란 분야를 개척하게 된 과정을 좀 더 자세히 살펴보고자 한다.

데일 카네기에서는 인간관계론, 고민 극복법을 주로 다루면서 스피치가 중심이 되어 있다. 그래서 이 원칙을 '비비불'이라고 해서 '비난, 비판, 불평을 하지 말아라' 하는 카네기 프린시플을 적용하는 것이다. 한국사람들이 앞에서 표현하는 것이 어색하니까 매번 1인당 2분씩 나와서 주제를 가지고 스피치를 하게 하고 강사는 그것에 피드백을 주고 다시 반복하는 이런 과정이었다.

13주 과정을 하면서 숙제를 내주는데, 예를 들어 '내가 우리 직원한테 비난, 비판, 불평을 하지 않겠다, 칭찬하겠다' 이런 식으로 목표를 정하도록 했다. 그리고 그 해본 결과를 가지고 발표하도록 했다.

이 방식을 진행할 때, 조금 배려하면서 했을 때 사람들이 더 편안해 하는 것을 알게 되었다. 홍 대표는 고등학교 교사였던 경험을 바탕으로 사람들을 부드럽게 대하면서 진행했더니 반응이 좋았다. 참가자들의 만족도를 높이기 위해 CEO분들에게 서비스로 제공했던 컨설팅 문항 첫 번째 질문이 '당신 회사의 미션이 뭐냐' 부터 시작을 했다. 그리고는 '당신의 리더십은 몇 점이고 왜 그렇게 생각하고 어떻게 메이크업을 하겠냐, 당신 회사의 품질 지수는 몇 점을 주겠나, 이유는? 그래서 더 잘하려면 어떻게 하겠냐' 이런 식으로 질문을 했다. 이 때의 경험이 코칭을 하게 된 바탕이 되었다.

> "이랜드의 헌트, 스코필드 등 브랜드 별로 본부장들이 제 또래다 보니까 편안하게 도와드리고 방향성을 제시하는 일을 해줬어요. 그게 카네기에서 하는 식으로 한 거였는데 제가 하는 것이 코칭인지 몰랐어요. 그냥 카네기 3개월은 효과가 부족하니 제가 더 길게 해서 우리나라 사람들 스타일에 맞게 디자인해서 접근한 거에요. 'CEO 컨설팅'이라는 이름으로 해왔는데 그 당시 한국리더십 센터 대표인 김경섭 박사님이 미국에 다녀오셔서 저에게 하시는 말씀이 그걸 '코칭이라고 하는 거 같아' 라고 해서 코칭이라는 명칭을 알게 되었어요."

2001년에 한국성과향상센터와 한국리더십센터 등에서 부사장과 강사로 활동했다. 혼자 할 때는 교육 및 컨설팅 프로그램을 직접 만들어서 했지만, 센터에서는 외국 프로그램을 활용했다. 그러다 보니 한국 기업에 맞게 커스터마이징을 해야 하는 것이 많다고 느꼈다. 한국인의 특징인 정이라는 것을 살려서 기업에게 맞는 프로그램을 개발하여 해외에 수출하고 싶어서 2003년 인코칭 브랜드를 만들고 회사를 설립했다.

코칭에 대한 정확한 목적을 설명해야겠다 생각해서 '코칭은 사람의 성장을 도와주는 행위다'라고 정의했다. 그 당시 LG가 미국 프로그램을 가지고 했는데 구성원들이 실제로 행동하는 데 도움이 되지 않는다고 하여 담당 임원과 HR직원은 고민이 많았다고 한다. 그래서 홍 대표를 불러서 팀장 60명과 임원을 대상으로 코칭에 대해서 명확히 설명을 해달라는 요청을 받게 되었다.

> "제가 그 사람들에게 '코칭을 해본 적이 있다 생각하시면 손들어보세요' 하니까 아무도 손을 안 드는 거예요. 그래서 제가 말을 바꿔서 '우리 직원이 문제가 있어서 잘 되게끔 도와준 적이 있다 생각하시면 손들어보세요' 하니 다 손을 드는 거예요. 그래서 '다 코칭 하셨네요' 하니까 그분들이 놀라워하는 거예요. 그래서 설명을 드린 게 '코칭은 그 사람의 성장 변화를 지원해 주는 행위입니다. 그러면 코칭을 하신 거에요. 어떻게 잘못된 것을 말 안 하고 좋은 말만 하겠습니까' 하니까 그분들이 마음을 편하게 먹으시더라고요. 저는 코칭을 개인의 성장을 돕는 행위라고 얘기를 해요."

인코칭에서 하는 프로젝트는 99%가 B2B 프로젝트로 진행되기 때문에 한 번에 여러 명의 코치가 투입되는 경우가 많다. 특히 공기업의 경우에는 동시에 30명 정도 진행된다. 그럴 때 8명의 코치가 함께 하는데 각자 개인 플레이로 해버리면 안 되기 때문에 매뉴얼을 사용한다. 그래서 기업이 코칭을 하는 목적이 무엇인지, 기대하는 바가 무엇인지를 명확히 파악한 후 전체 그림을 그린다. 개인마다 이슈가 다르기 때문이다. 각자의 목표가 다르기 때문에 구성원들을 대상으로 사전 인터뷰 또는 설문조사를 한다.

새벽 설교에서 UDTS 모델을 개발하다

2012년 인코칭은 독자적인 코칭 프로그램인 UDTS 모델을 개발했다. UDTS는 Understand, Develop, Train, Sustain의 앞 글자를 모은 것이다.

"그 당시 기업 코칭에서 널리 쓰이는 그로우 모델(GROW model)이 컨설팅에서 주로 사용했던 것이라 코칭에 보다 적합한 모델을 연구했습니다. GROW 모델은 목표(Goal)를 세우고 현실(Reality)을 인지하고 목표를 이루기 위한 세부 방법을 선택(Option)해 결론(Will · Wrap-up)을 내는 것입니다. 저는 코칭을 함에 있어서는 사람이 중심이 되어야 하기 때문에 가장 먼저 목표를 세우기보다는 상황을 이해하는 것이 우선이라고 생각해서 만들었습니다. 당시에는 코치들이 이미 모델이 있는데 굳이 새로운 모델을 개발하느냐에 대해 다소 회의적인 의견도 있었습니다. 그러나 한국의 현실에 맞는 코칭 프로그램을 개발하여 코칭의 성과를 높이고, 해외에 진출하는 경우에도 우리만의 독자적인 콘텐츠가 있어야 하겠다고 생각했습니다."

프로그램 개발을 새로 영입한 부사장에게 의뢰했는데 마음에 들지 않았다. 그래서 홍 대표는 '해외 어디 내놓아도 부끄럽지 않을 프로그램을 주세요'라고 기도했다고 한다. 그 과정을 이렇게 말한다.

"교회 새벽기도에서 말씀을 듣는 중에 Understand와 Sustain을 잡았어요. 이 중간에 뭘 어떻게 넣어야 하지 하다가 그래서 Understand, Develop, Train, Sustain 이렇게 UDTS 모델로 정했어요."

■ U: 1 단계 Understand 이해

코칭 프로젝트의 성공을 위해서는 개인의 변화를 위해 상황과 목표하는 바를 정확하게 진단하는 단계가 필요하다. 이 시점에서 가장 중요한 것은 동기, 즉 내재욕구의 파악이다. 모든 행동의 근본이 되는 동기를 찾는 것이고 이 단계에서는 진단과 인터뷰를 통해 명확히 파악한다.

■ D: 2단계 Develop 발전

개인의 변화를 위해 현재 상황과 목표 간의 갭을 좁히기 위한 전략을 수립하는 단계이다. 갭을 줄이기 위해서 상대의 정서가 기준점이 되는데 개인의 강점을 활용하여 목표를 이룰 수 있도록 잠재요소와 자원을 매뉴얼화 한다.

■ T: 3단계 Train 강화

각각의 상황에 적합한 다양한 교육과 피드백을 통해 실제적인 훈련이 만들어지는 단계이다. 여기서 중요한 것은 인지능력이다.

실제로 인간의 지성이 가장 많이 들어가는 부분으로 세션과 세션 사이 점검을 통해 서로 목표한 것과 변화를 확인한다.

■ S: 4단계 Sustain 유지

지속적인 성과를 유지하기 위해 코칭과 교육에서 계발된 능력을 체계적으로 향상시키는 단계이다. 특히 개인과 조직이 최대한 역량을 발휘할 수 있도록 환경적인 지원을 시스템화하는 것이 중요하다. 여기서 가장 중요한 것은 행동의 지속성 유지이다.

홍 대표는 UDTS 모델을 해외로 가져가려고 노력해 왔다. 인코칭이 처음 프로그램을 수출한 곳이 중국이었는데 조선족이 경영하는 회사였다. 시간이 지나면서 처음과 말이 달라졌고, 코치 훈련을 하다가 신뢰가 깨어지면서 그만두었다. 공식적으로는 말레이시아에서 하게 되었다. 이미 미국에서 코칭교육이 들어와서 하고 있었는데 자기네들과 맞지 않다고 해서 인코칭과 협력하게 되었다. 회의를 할 때 자꾸 '인코칭' 이라고 해서 그건 회사 이름이라고 했더니 그 사람들이 '우리가 코칭을 해봤는데 안 됐는데 이건 좀 다르다. 그래서 구별하기 위해서 인코칭이라고 말한다'라고 했다. 그 이후 KOICA, KOTRA를 통해서 해외에 나가는 프로그램에 참여했고, 카타르, 인도네시아 등 50여개 나라에 프로그램을 소개하게 되었다.

완벽주의를 깨고 단순하고 긍정적인 마인드로!

홍 대표는 결혼하자 교사생활을 그만두고 전업주부로 살면서 본인이 사업을 해보겠다는 생각을 한 일이 없었다. 남편이 산업은행을 다녔기 때문에 먹고사는 데는 걱정이 없었고, 성장 경험을 통해서도 자신이 돈을 번다는 생각을 갖지 않았다고 한다. 아버지의 사업 실패 후 어머니가 장사를 해서 가족을 부양하다 보니 경제권이 어머니에게 넘어 갔다. 그러다 보니 가족이 모두 어머니 편이 되어 보기에 좋지 않았다. 게다가 건강도 좋지 않아서 한 달에 한 번 링거를 맞을 정도였다.

아이를 출산하고 집에서 쉬는 동안 남편의 제안과 도움으로 사랑의 전화 상담원을 하면서 사회봉사를 하기도 했지만 그만두고 아이들을 키우며 독서를 주로 하면서 지냈다. 삼국지, 정관정요, 불씨 등 역사 관련 책을 많이 읽었다. 그러다 책과 관련된 일을 하고 싶다는 마음이 생겨 혼자 기도했는데 1주일 만에 교회 잡지를 맡으라고 해서 맡게 되었다. 이 일을 하는 동안에도 모든 일을 인쇄소에 맡겨서 할 것이 아니라, 일하는 방식을 바꾸어 대학생들에게 일을 맡겨 아르바이트 기회를 제공하기도 했다.

그러던 중 지인이 찾아와서 같이 일을 하자는 요청을 했다. 그 당시 폴 마이어라는 리더십 교육 프로그램이 있었는데 수강료가 50만원 정도였다. 홍 대표는 옷 한 벌 안 사 입는 셈 치고 투자하자는 마음으로 강의를 들으면서 이 분야에 대한 확신을 갖게 되었다. 그분이 미국에서 데일 카네기 프로그램 훈련을 받고 라이센스를 받아오면 같이 일을 하자고 했다. 홍 대표가 하나님께 기도했던 것이 '아이들이 초등학교를 마칠 때까지는 애들과 함께 하고 싶다'라고 했는데 딱 10년 만에 기회가 되어 상담과장으로 일을 하게 되었다.

그 당시, 자기가 월급쟁이라는 것을 잊고 자기 회사처럼 일했다고 한다. 처음에는 지인들을 대상으로 진행을 했는데, 새로 도입한 프로그램을 다수에게 알리기 위해서 광고가 필요하게 되었다. 이를 위한 회의를 하는데 광고비가 부담이 되어 결정을 못 내리고 있는데 홍 대표가 과감하게 광고해서 손해가 나면 자신의 월급에서 제하라고 제안을 했다고 한다. 결과적으로 광고가 대박이 나서 회사 성장에 큰 도움이 되었다.

그러나 육신의 고통은 언제나 그의 발목을 잡았다. 종교교회에서 신앙생활을 해왔는데 오히려 육신의 고통을 통해 하나님을 뜨겁게 만났다고 한다.

> "제가 원래 갑상선이 안 좋았는데 어렸을 때도 온갖 병을 달고 살았어요. 그런 체력에 아이를 가져서 더 몸이 안 좋아졌는데 화장실을 기어가다가 '이러다 죽는 거구나'하는 생각이 들었어요. 첫 아이가 82년생이고 둘째가 85년생인데 그 아이가 세 살 때였어요. 그때 당시 제가 예수님이 12년된 혈루병 환자가 옷깃만 만진 것으로도 고치셨는데 그걸 생각하며 기도원을 가고 싶더라고요.

생전 처음 기도원이라는 곳을 갔는데 거기서 목사님이 집회를 하는데 제가 수천 명이 모여서 통성기도를 하는데 제 귀에 아무 소리도 들리지 않았어요. 그리고 하나님께서 제 아버지에 대한 회개를 시키시더라고요. 제가 아버지가 사업에 실패해서 원하던 학교나 생활을 제대로 못했던 것에 원망을 했던 것에 대한 회개였어요.

그리고 병을 낫기 원하면 금식을 하라고 하더라고요. 저녁에 목사님들이 안수 기도 중 머리에 손이 닿았을 때 몸에 느낌이 왔는데 그 후로 몸이 너무 가벼운 거예요. 이 간증을 하려면 집에 창문을 열어야 할 정도로 몸이 뜨거워져요. 그 뒤로는 '덤으로 사는 인생이다 생각하고 시키는 대로 해야겠다'라고 생각했어요."

홍 대표를 만나는 사람마다 그의 밝은 미소와 긍정에너지에 공감을 하게 된다. 자신의 긍정에너지의 원천에 대해 다음과 같이 말한다.

"원래는 제가 정말 노심초사하고 예민해서 교사할 때도 별명이 '완벽주의자'였어요. 실수를 하면 스스로를 용납하지 못하고 제가 잘못한 걸 깨달으면 명확히 시인해야 하고, 상대의 잘못도 사과를 받아야 하는 스타일이었어요. 그리고 매일 잠자기 전에 잘못을 곱씹어 보는 피곤한 스타일이었어요.

그런데 이런 걸 다 버린 게 한순간에 제가 몸이 완쾌되는 것을 체험하고 나서였어요. 어떤 문제가 와도 근본적으로 마음에 '그게 무슨 큰 문제라고'하는 담대함이 생겼어요. 그때부터 누가 뭐라고 해도 '내가 하나님 앞에 부끄럽지 않으면 된다' 고 생각했죠. 사람들은 각자의 시각으로 나를 보기 때문에 그것에 일일이 대응할 이유가 없는 것이고, 내가 하나님 보시기에 합당하게 살고 있는지만 보면 된다는 마음이죠. 그때부터 단순해진 거예요."

신앙, 사람, 위기의 삼각관계

인코칭은 모든 것을 직원과 공유하는 개방적 투명경영을 하고 있다. 대표 본인은 회사 통장도 만져본 적이 없다고 한다. 모두 재무팀에서 관리를 하고 어디서 누가 입출금을 하는지 직원들이 다 알게끔 되어있다.

"저희는 전 직원이 다 법인카드를 가지고 있거든요. 알아서 투명하게 관리해요. 일정도 모두 투명하게 공유해서 다 알 수 있는 시스템을 구축했어요. 고객관리도 마찬가지로 누가 코칭을 받았는지에 관한 정보를 모든 HR 직원이 다 알 수 있게 되어있어요. 3년 반 있다 나간 부사장이 있는데 '저한테 대표님은 훌륭한 코치신데 경영적으로는 조금 아쉽다'라는 말을 했어요. 딸이 대기업과 대사관에 근무했다 인코칭에 와서 9년째 같이 하고 있는데 저보다 경영감각이 뛰어나서 잘 하고 있어요. 그래서 주변에서는 '둘이 아주 잘 맞는다' 라고 해요. 딸은 업무 중심적이라 일의 진행을 빠르게 하고 저는 사람 중심이라 그냥 직원들과 코치분들과 따뜻하게 일하는 편이에요."

때로는 신앙이 있는 직원들을 채용했다가 부정적인 경험을 한 경우가 많았다고 한다. 신앙인들이 업무적인 면에서는 비신앙인보다 못한 경우가 발생하면서 생각을 바꾸게 되었다고 한다. 어떤 직원은 새벽기도를 갔다 와서 직장에서 자는 경우도 있었다. 다른 경우로는 항상 불만이 많은 직원이 있었다고 한다. 이 사람은 어려운 환경에서 믿음을 갖게 되었는데, 신앙을 힘들 때 도피처 정도로 생각하는 성향이 있었다. 기본적으로 남을 볼 때 '나는 이렇게 힘든데 왜 다른 사람은 저렇게 편하지?'라는 비교를 하다 보니 매사에 불만이 나오게 되는 것이었다.

> "회의할 때 말로는 회사에 충성한다고 해놓고, 회사가 급할 때 다른 직원들은 남아서 열심히 하는데, 본인은 개인적인 문제 등으로 퇴근해 버리더군요."

홍 대표도 한때는 매주 월요일마다 예배를 드리고 한 달에 한 번은 목사님을 모셔와서 예배를 드렸다. 형식적이지 않게 목사님이 편하게 말씀을 전달하셨는데도 불구하고 직원들이 마음 없이 참여하는 것을 보게 되었다. 홍 대표는 자신이 크리스천 직원들에게 왜 실망했을까 원인을 생각해 보았는데, '상대적으로 일반직원보다 기대가 컸던 것은 아닐까' 하고 자성하게 되었다고 한다. 상대방이 크리스천이니까 '이 정도는 같이 가줘야 하는 거 아니야' 하는 기대를 갖다가 실망하는 것이 아닌가 하는 자기 성찰을 했다고 한다.

사업을 하면서 가장 큰 어려움을 겪은 것은 2011년 직원들이 동시에 절반 정도가 그만둔 경우이다. 직원들이 공모해서 일어난 사건이 아니고 각각의 사정으로 그만두게 되었는데, 우연히 동시에 발생하면서 회사에 큰 어려움이 닥치게 되었다.

한 사람은 아이가 셋이 되어서 그만두고, 다른 사람은 아이가 중학교 들어가서, 또 한 사람은 연구개발 쪽인데 세일즈를 하는 것이 부담되어서, 대기업에 취업이 되어서 등 한꺼번에 6명이 퇴사를 하게 되었다. 핵심 직원 네 명 중 세 명이 그만두게 되면서 조직에 위기가 오게 되었다.

그리고 다양한 경쟁업체들이 생기면서 어려움이 왔다. 그러나 홍 대표는 이 일이 하나님이 주신 일이라 생각하면서 감당해왔다고 한다.

"하나님께서 주신 일이 아니라고 생각하면 혼자서 몇 억씩 벌 수 있었거든요. 회사를 하게 된 것도 하나님의 뜻이 있어서 맡겨 준 것이라고 생각하니, 이런 위기도 뜻이 있어서 주신 것이라고 생각했어요. 어떤 위기가 닥쳐오면 드는 생각이 '제가 너무 둔해서 깨닫지 못하니까 위기를 주시는구나' 라고 생각했고, 또 '기업코칭을 하는데 이런 위기 없이 어떻게 코칭을 할 수 있을까' 라고 긍정적으로 생각했죠."

리더란 '마음'에 집중하는 사람이다

인코칭의 올해 목표 매출액은 20억원이다. 그러나 홍 대표는 더 큰 꿈을 꾼다.

"인코칭이 영속했으면 좋겠습니다. 나라가 건재하려면 교육기관이 많이 그리고 오래 지속해야 한다고 생각합니다. 그러려면 개발하고 발전해야 합니다.
5년 전 생산현장에 있는 관리자 리더십 교육을 개발했습니다. 또 세일즈 리더에게 맞는 리더십 교육을 만들었죠. 이렇게 직무와 분야에 맞는 교육법을 개발해 나갈 것입니다.
이런 교육법을 해외로 수출하고 싶습니다. GROW 모델을 널리 사용하고 있는 것처럼 우리가 개발한 코칭 모델을 널리 퍼뜨리고 싶습니다."

또한 크리스천 여성 기업인들에게 홍 대표는 다음과 같은 조언을 한다.

"여성 벤처 기업협회 수석 부회장도 하면서 여성 벤처 창업자들도 도왔는데, 제가 볼 때는 이제는 '여성이라서, 여성이어서' 라는 성 개념에서 떠날 필요가 있는 것 같아요. 여성이 원하는 것은 남성들과 차별 없이 승진하고 이런 것인데, 이게 안 되는 이유가 자신감 부족이라는 자료가 있어요. 아직까지도 여성이니까 약한 모습을 보여도 된다는 생각이 있는 거 같아요.
최근에는 이런 생각이 달라지고 있어요. 여성이든 남성이든 자기가 하고 싶은 것, 자기가 잘하는 것을 하면 되는 것이죠. 그래서 정말 시대가 달라지는 것을 느껴요. 이제 여성이라서 못한다 하는 사고는 버려야 하지 않나 생각합니다."

2019년 6월 지금까지 경험을 토대로 '리더의 마음'이라는 책을 출간했다. 지난 17년간 코칭 경험을 바탕으로 CEO, 임원, 팀장들에게 리더십에 대해 이렇게 이야기한다.

"리더 자리에 올랐다는 행복은 잠시입니다. 누군가를 책임지고 이끌어야 한다는 부담이 커지죠. 이때 부담을 가지면 여유가 사라집니다. 자존심이 아닌 자존감을 지키면서 여유를 가져야 해요. 여유를 갖고 자신을 먼저 돌아볼 수 있을 때 직원을 보듬을 수 있기 때문입니다."

홍 대표는 '리더가 스스로 자존감을 가지고 판단과 결정을 올바르게 내리기 위해서는 무엇보다도 '마음'에 집중해야 한다' 고 강조한다. 자신의 마음을 다스리는 것, 자신을 따르는 사람들의 마음을 움직이는 것, 이 어렵고도 고독한 일을 해내는 사람이 결국 성과를 높이고 사람을 이끄는 리더가 된다는 것이다.

"모든 지킬 만한 것 중에 더욱 네 마음을 지키라. 생명의 근원이 이에서 남이라"(잠언 4장 23절)
"노하기를 더디 하는 자는 용사보다 낫고 자기의 마음을 다스리는 자는 성을 빼앗는 자보다 나으니라"(잠언 16장 32절)

Good Business

사람이 중심인 따뜻한 기업, 비하임

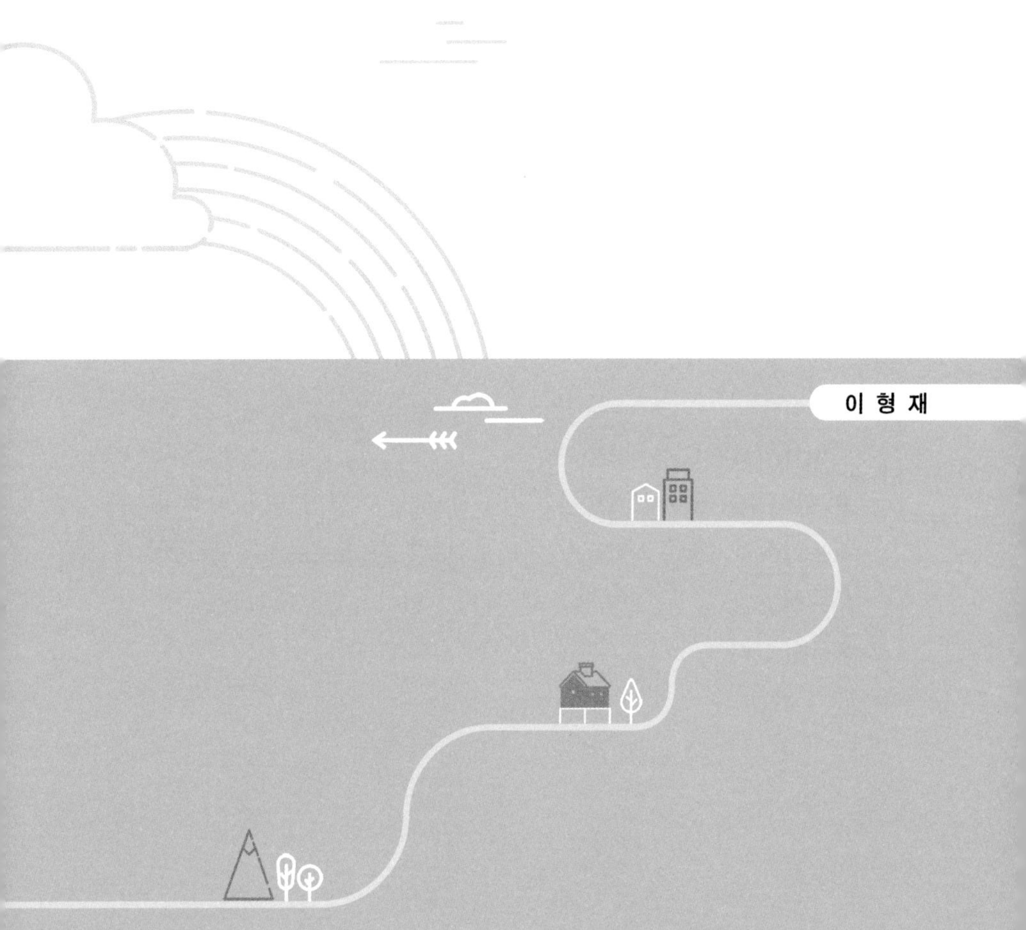

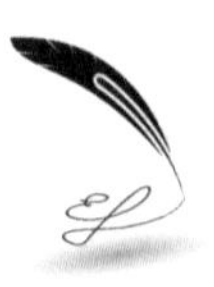

사람이 중심인 회사 비하임

비즈니스 세계에 **하**나님의 나라가 **임**하게 하자

B-Heim의 **B**는 be(동사), Big, Best, Brilliant의 뜻을 가지고 있고, **Heim**은 독일어로 '집', 'home', '아담함'을 의미하며 히브리어로 '생명'의 뜻을 지니고 있다. **B-Heim**에는 큰 회사, 최고의 회사, 빛나는 회사라는 의미가 함축되어있다고 볼 수 있다.

㈜비하임 곽영철 대표는 전남 해남에서 출생하여 아주 불우한 어린 시절을 보냈다. 곽 대표의 부친은 도박에 빠져 가정을 돌보는 데 소홀하였고, 모친은 폐결핵으로 곽 대표가 중학교 3학년 때 소천하셨다. 모친은 신앙이 매우 독실하셔서 교회 기도실에서 소천하셨는데 곽 대표에게 주신 마지막 유언이 교회 열심히 다니라는 것이었다.

학교 교육을 받는 대신 사회에 진출한 곽 대표는 벽시계를 생산하는 공장에서 하루 일당 400원을 받으면서 직장 생활을 시작했다. 자동차정비기능사 자격증을 취득한 후 자동차정비에 택시운전도 했다. 그러다 현역으로 입대 후 7개월 만에 '생계유지 곤란으로 의가사' 전역을 하게 된다.

어린 시절 주일학교를 다녔고 청년기에는 이곳저곳의 교회를 잠깐씩 왔다 갔다 하다 20대 때 재야인사로 유명한 오장동 제일교회(고 박형규 목사)에 출석하여 중부경찰서 앞에서 매주 일요일 민주화를 외치며 노상 주일 예배를 드리곤 하였는데, 1년 정도 참석하였다.

> "그 시절에는 민주화 갈망이 시대적 소명이라는 저의 신념이 강했던 것 같습니다."

창업 전만 해도 곽 대표는 '선데이 크리스천'이었다. 청년기에는 이곳저곳 교회를 잠깐씩 다니다가 기독실업인회(cbmc) 부회장으로 섬기는 D&D Limited 이용기 사장을 만나면서 신앙과 사업의 영적인 안내를 받게 된다. 곽 대표가 한 중견기업 무역회사의 부사장이었는데 명예퇴직을 해야 하는 상황에 처해 있었다. 이러한 내용을 알게 된 이용기 사장은 도와줄테니 창업하라고 권면했다. 다만 성경적 경영을 조건으로 달았다. 이용기 사장은 30년 이상 섬유업계에 종사한 베테랑으로서 곽 대표의 창업 초기에 330여㎡(100여평) 사무 공간과 사무집기 일체를 지원하고 용기를 주는 등 물심양면으로 후원해 주었다. 또한 이용기 사장의 권면으로 비하임 창립 예배를 드리면서 다시 교회에 정기적으로 출석하게 되었고, cbmc의 활동도 적극적으로 하게 되었다. 곽 대표의 인생과 비하임의 기업사에서 이용기 사장은 선한 목자 역할을 한 것이다.

"가정환경 및 성장 배경이나 스펙으로 보면 지금쯤은 고향 해남에서 농부가 되어 있었을 것 같습니다."

직장생활을 할 때에는 무역의 날 산업자원부장관 표창, 무역협회장 표창을 수상하였고, 2005년 섬유의 날에는 대통령 표창을 수상하였다. 현재 하고 있는 섬유관련 업무는 30년이 넘게 종사하고 있다.

"어찌 되었든 간에 나름 인정받으며 직장 생활을 했었고 또 나이 52세에 계속 어려워지고 있다는 의류업종에서 신규로 회사를 시작했다는 것은 하나님이 주신 큰 축복이라고 생각합니다."

그래서 곽 대표는 비하임에 대해 자신은 관리 책임자이지 내 소유라는 생각을 하지 않는다고 한다. 또한 미약하지만 세상에 조금이라도 선한 영향력을 끼치고 본이 되는 경영을 해보고 싶은 마음이 상대적으로 강하게 들었던 것이 아닌가 생각하고 있다.

창업자금은 퇴직금 받은 것으로 조달하였고, 이용기 사장이 사무실 및 사무 집기를 지원해 주었다. 사업을 위하여 특별히 교육을 받은 적은 없다. 사업 인허가 과정에서 특별히 어려움도 없었다. 회사의 부정부패 관리와 관련하여, 핵심직원이 거래처에 불미스러운 사실이 있어서 퇴사시킨 일이 있었지만 회사 창업부터 지금까지 하나님께서 간섭하시고 도와주신 결과가 비하임의 현재라고 간증하고 있다.

곽영철 대표의 경영철학은 사람이 중심이 되는 따뜻한 회사, 경영 성과만을 우선시하지 않고 내재 가치가 있는 건실한 회사, 성장과 규모에 맞게 국가와 사회에 기여하며 함께 나누는 회사, 사람, 즉 임직원이 회사의 중심이고, 임직원의 행복이 곧 회사의 발전이라는 인간중심의 따뜻한 경영을 근본 철학으로 삼고 있다.

모든 면에서 빛나는 비하임

2012년 11월 1일은 역사적인 날이다. 바로 ㈜비하임이 태동한 날이다. 그해 11월 미국 의류 유통업체인 TJX 바이어와 비지니스를 시작으로. 2013년 기업부설연구소를 설립하고, 그해 5월 Urban Outfitters와 비즈니스 관계를 시작하였다. 시장 확대와 원가효율성을 고려하여 해외 공장 및 해외지사를 설립하기 시작하였다. 2014년 11월 베트남에 비하임 VINA를, 12월에는 과테말라 지사를 설립하였다. 섬유, 봉제기업인 비하임은 2012년 11월 창립한 지 채 2년이 되지 않은 신생 기업이지만 2012~2013년 2년 연속 1,000만 달러가 넘는 수출액을 기록해 화제가 됐다. 곽영철 대표가 30년 동안 섬유·봉제업에서 잔뼈가 굵은 전문가라 가능한 일이었다.

2014년 제51회 무역의 날에 천만불 수출의 탑을 수상하였고, 이색 수상 기업으로 한국경제신문(2014. 12. 4.일자)에 소개되었다. 2015년 기업의 경영성과를 정부로부터 인정받아 '중소기업청장 표창'을 수상하였다. 그해 1월 Hurley와 Guess, 4월에 Danskin, 5월에 Spiritual Gangster와 비즈니스를 시작하였다. 2016년에는 메인비즈에서 경영혁신기업 인증을 획득하였고, 그해 4월 미국의 대표적인 홈쇼핑업체인 QVC와 비즈니스를 개시하였다. 2017년 중소기업중앙회장 표창을 수상하였고, 그해 5월 내수 브랜드 Top Ten과 미국 바이어 Birdie Bee, 12월에는 내수 브랜드인 Nerdy와 비즈니스를 시작하였다. 2018년 3월에 패스트 패션시장을 선도하는 대표적인 SPA 브랜드인 Forever 21과, 12월에는 Richer & Poorer와, 2019년 1월 캐나다 바이어인 Oak+Fort, 3월에는 내수브랜드 Thisisneverthat과 비즈니스를 개시하였다.

비하임은 글로벌 시장의 의류 브랜드에 OEM 방식으로 납품하며 최근 6년 사이에 꾸준히 성장하고 있다.

조직은 곽영철 대표와 상무이사 1인이 임원이고 본사는 4팀(영업생산1, 영업생산2, 업무, 경리)과 R&D실로 구성되어 있다. 해외 지사로는 베트남 지사와 과테말라 지사(노슬기 지사장), 미국 LA 연락사무소(Dustin)로 조직되어 있다. 핵심 경쟁우위(core competitive advantage)는 직원들의 각자 업무에 대한 충성심과 역량이라고 한다. 지속 가능한 경영과 동종업계에서 살아남기 위해서는 끊임없이 연구하고 혁신해야 된다고 인식하고 있다. 경쟁력을 높이기 위한 혁신 활동의 일환으로 본사 업무를 과감하게 현지의 해외 지사로 이관하고 있다.

신입 및 경력사원의 채용시에는 무엇보다도 인성을 가장 중요하게 본다. 직원의 평균 임금수준은 동종업계에서 상위권에 속한다.

곽 대표는 '직원과의 소통에 있어서 직원을 믿어주고 인정해 주고 직원 스스로의 주인의식(ownership)을 심어주는 것이 가장 큰 소통이다'라고 말한다.

직원의 교육·훈련 면에서는 각 직원들의 업무에 맞는 교육 프로그램이 있으면 적극적으로 참여를 권유하고 있다. 급여관리 중 성과급에서는 영업부 회의자료 수출실적(1월~12월)을 기준으로 정산한 후, 관리비를 제외한 수익금에서 15%를 임직원에게 지급하고 있다. 직원들의 태도 면에서 곽 대표는 '회사 직원 대부분은 애사심이 강하고 각자 업무에 충성을 다하고 있다'고 한다.

주요 업무 프로세스는 먼저 제품의 원단과 스타일을 개발하여 샘플을 제작한다. 제작된 샘플을 에이전트를 통하거나 바이어에 직접 제시하여 평가를 받는다. 신상품이 긍정적인 평가를 받으면 order의 가격, 스타일, 납기 등을 상담하고 order를 수주하게 된다. 오더를 수주한 후, 한국이나 해외에서 원단 및 부자재를 구매한다. 원단과 부자재를 베트남과 과테말라의 해외지사에 보내 봉제 작업을 하게 된다. 봉제작업이 완료되면 미국이나 한국 등 구매처로 운송하게 되고, 수출대금은 서울 본사로 입금된다.

영업활동 면에서는 실력이 곧 영업이라는 것이 평소 곽 대표의 소신이다. 영업부서의 직원들에게는 바이어의 눈높이에 맞추어 경쟁력을 갖추라고 독려하고 있다. 수출과 내수의 비중은 약 80% 대 20%이다. 가격경쟁력 면에서는 수출의 경우에는 국내 벤더(vendor)끼리 경쟁하는 것이 아니라 더 가격이 싼 국가들과 경쟁을 하기 때문에 어려움이 많다고 한다. 반면 품질 경쟁력은 상대적으로 상위권이라고 자체 평가하고 있다. 회계 관리 면에서는 회계 원칙을 준수하면서 투명하게 관리하려고 노력한다. 자금관리 원칙은 현재 회사가 성장기에 있기 때문에 원자재 구매 자금의 수요가 많다. 매일 자금 상황을 체크해 가면서 관리하고 있다.

비하임은 OEM 방식으로 의류 제품을 베트남·과테말라에서 생산하여 수출하는 업체이고 2018년부터는 국내 내수도 진행하고 있다. 생산관리 프로세스에서 품질과 납기를 최우선으로 하고 있다. 즉 어느 업계나 마찬가지겠지만 의류 업계에서는 가격, 품질, 납기가 최고의 경쟁력이다. 매출 면에서 2013년 1,000만 불을 달성하고, 작년 2018년 3,500만 불까지 연평균 50퍼센트 이상의 매출 신장세를 보여 왔다.

주요 고객사는 TJX Companies, Inc.와 글로벌 의류 브랜드인 Guess와 Hurley, SPA 브랜드인 Forever 21, 미국 최대 홈쇼핑 업체인 QVC, 그리고 내수 브랜드 Nerdy 등이 있다. 트레이닝복 브랜드인 Nerdy는 설과 추석의 명절연휴기간에 열리는 아이돌스타 선수권대회(육상, 양궁 등)에 참가하는 아이돌 스타에게 트레이닝복을 후원함으로써 브랜드 인지도와 선호도를 높이고 있다.

베트남, 과테말라에 뻗은 주님의 손

베트남의 비하임 VINA 지사는 생산 공장으로서 2014년 11월에 설립되어 배영서 상무가 총괄하고 있으며 2017년 현지 공단으로부터 Clean 사업장으로 선정되었다.

직원 수는 약 500명이며 공장 면적은 13,000 평방미터이고 10개의 생산라인을 갖추고 있다. 주요 생산제품은 남녀 니트 의류이고, 한 달 생산량은 약 30만장 정도이다. 생산공정은 물류창고에서 원재료를 출고하여 재단하고 봉제한 뒤 다림질하여 완성된다. 외부 검사는 WRAP audit #16416 (2019년 5월)과 ITS WCA audit Green level (2019년 4월)이다.

매출의 고객사 비중은 Nerdy 60%, TJX 15%, Forever21 15%, QVC 10% 정도이다.

베트남의 비하임, 오성비나는 협력업체로서, 2002년 3월에 설립되어 권도륜 대표가 총괄하고 있다. 한국 직원 4명이 상주하고 현지 직원 수는 약 1,230명이다. 공장 면적은 12,240 평방미터이고 16개의 생산라인을 갖추고 있다. 생산공정은 물류창고에서 원재료를 출고하여 재단하고, 봉제한 뒤 다림질하고 포장하여 완성된다. 주요 생산제품은 남녀 니트 의류이고, 한달 생산량은 약 60만장 정도이다. 검증된 외부 검사는 Carters, AEO, DKNY, JC Penny용과 WRAP 기관이 있다. 매출의 고객사 비중은 TJX 60%, A&F 21%, 기타 19%이다.

과테말라의 JNB 트레이딩 SA는 협력업체로서, 1996년 4월에 설립되어 Raul Kim 대표가 총괄하고 있다. 한국 직원 6명이 상주하고 현지 직원 수는 약 590명이다. 공장 면적은 6,000 평방미터이고 12개의 생산라인을 갖추고 있다. 생산공정은 물류창고에서 원재료를 출고하여 재단하고, 봉제한 뒤 다림질하고, 검사한 후 포장하여 완성된다. 주요 생산제품은 남녀 니트 의류이고, 한 달 생산량은 약 80만장 정도이다. 외부 검사는 WRAP audit #16416 (2019년 5월)과 ITS WCA audit Green level (2019년 4월)이다. 매출의 고객사 비중은 Nike/Hurley 30%, Northface 30%, Guess 20%, Lucky brands 10%, Disney 10%이다.

과테말라의 신원 Ace SA는 협력업체로서, 2013년 8월에 설립되어 Maria Kang과 Julio Perez 공동 대표가 총괄하고 있다. 한국 직원 6명이 상주하고 현지 직원 수는 약 640명이다. 공장 면적은 10,000 평방미터이고 9개의 생산라인을 갖추고 있다. 주요 생산제품은 남녀 니트 의류이고, 한 달 생산량은 약 100만장 정도이다.

주요 고객사로는 Vf, Walmart, Target, Sears, K-Mart, Disney, Sanmar 등이다.

일자리 창출 면에서는 현재 본사 직원이 21명, 베트남 현지 직원이 약 500명 정도이고, 과테말라지사는 한국인 직원 6명 및 현지 직원이 26명이다. 특히 베트남에서 현지 직원을 다수 채용함으로 베트남 Vina 지역경제의 활성화에 크게 기여하고 있다.

선교사역 지원 면에서는 회사 기부금 대부분을 지휘관이 신앙생활을 하는 군부대 및 군 교회에 기부하고 있다. 곽 대표는 신앙을 가진 지휘관 한 명이 많은 병사들의 교회 출석에 미치는 영향은 매우 크다는 생각을 가지고 있다.

사회공헌 면에서는 '생명나눔 사랑실천운동'에 참여하고 기부 문화를 확산하는 데 노력하고 있다. 예를 들면 대부분의 사람들은 기부하는 것에 인색한데, 곽 대표는 본인의 의지만 있으면 쉽게 사회에 기부할 수 있는 것 중의 한 가지로 장기기증, 시신기증, 헌혈이라고 생각하고 있다.

이러한 기부문화의 사회 확산을 위해서 2019년 4월부터 직원의 부모, 자녀, 배우자까지 포함하여 사후 장기기증에 100만원, 시신기증에 300만원, 헌혈 회당 10만원을 사회봉사 수당으로 지급하고 있는데 대부분 직원들이 참여하고 있다.

곽 대표가 바라는 소망은 금액의 많고 적음을 떠나서, 무언가 세상을 향해서 받는 것에 익숙해하기보다는 주는 것에 익숙한 사람이 되기를 바라는 마음을 확산시키고 싶다고 한다. 최근 cbmc 구로디지털지회 포럼 시간에 '기부'라는 주제로 포럼을 진행하였다. 이때 장기기증 및 시신기증 운동을 건의하였고, 처음 안건을 제안할 때 모두가 흔쾌히 박수로 화답하는 분위기라 다들 적극 동참할 줄 알았는데, 그건 곽 대표의 착각이었다고 고백한다. 이후 기증 서약서를 내밀면서 독려한 결과 많은 분들이 기증에 동참하게 되었다.

축복의 통로가 되게 하옵소서

매주 월요일에는 오전 9시에 기도회로 업무를 시작한다. 기도회 순서는 찬송가(여기에 모인 우리), 기도(합동기도문), 공지사항, 주기도문 순서로 진행된다. 특히 생일자가 있는 주간에는 찬송가 대신 생일자에게 '축복합니다'라는 축복송을 불러주곤 한다. 매월 첫째 주 월요일엔 목회자를 초청해 예배를 드리고 있다.

[전 임직원이 낭독하는 합동 기도문]

오늘도 주식회사 비하임을 허락하신 하나님 아버지께 감사드립니다.
비하임은 하나님이 주신 사업장입니다.
우리 모두는 하나님의 충성된 청지기가 되어 중요한 일이든 하찮은 일이든 모든 일을 주께 하듯 하게 하소서.
사람의 인정을 구하지 않게 하시고 하나님의 보이지 않는 손을 의지함으로 비즈니스 세계에서 인정받는 자가 되게 하옵소서.
업무에 집중하게 하시고 욕심에 사로잡혀 그릇 되게 행하지 않게 하시고 풍성한 성과를 주옵소서.

일터에서 우선순위를 분별하게 하시고 우리들의 업무에 하나님의 능력을 더하여 주시어서 선한 수익을 위한 올바른 의사 결정을 내리게 하옵소서.
우리 비하임을 위해서 기도해 주시고 도와주신 모든 분들과 업무를 통해 만나는 모든 임직원들, 고객과 거래처가 우리 비하임으로 인하여 유익을 얻게 하시고 비하임이 축복의 통로가 되게 하옵소서.

예수님 이름으로 기도드립니다.

- 아 멘

위의 전 임직원이 합동으로 기도하는 기도문에서 알 수 있듯이, 비하임은 하나님께서 허락하신 사업장으로 인식하고 모든 임직원이 하나님의 착하고 충성된 청지기(agent; steward)로서 업무에 집중하고 업무의 우선순위를 분별하여 올바른 의사결정을 내려 선한 수익을 얻을 수 있도록 간구하고 있다. 나아가 고객, 거래처, 협력업체 등 비하임의 모든 이해관계자들이 비하임으로 인하여 축복을 받는 축복의 통로가 되길 소망하고 있다.

처음에 비기독교인 직원들은 월요기도회를 두고 불만을 나타내기도 했다. 그들은 '이곳이 회사인지 교회인지 모르겠다'고 불평하기도 했다. 하지만 곽 대표는 '기도회는 회사의 정체성을 나타낸다. 회사가 존재하는 한 유지하겠다'고 선포했다. 곽 대표의 이러한 원칙에 직원들이 잘 따라줘 감사하다고 한다.

높은 뜻 광성교회를 출석하며 원단과 스타일 개발을 하고 있는 윤지문 실장은 '회사에서 5년차로서 막중한 업무가 몰리고, 막막한 순간마다 하나님께 기도로 간구했다'며 '매주 월요일 주간 기도회가 큰 힘이 됐다'고 전했다.

특히 '비기독교인 직원들은 월요기도회를 두고 불만을 나타내기도 했지만, 신앙이라는 중심을 잡고 직장 속에서 밀알

이 되려고 노력하고 있다'고 밝혔다.

회사에서 바이어와 직원들을 관리하고 있는 유승연 과장 또한 하나님을 믿은 지는 얼마 되지 않았지만 기도로 묵묵히 회사에 헌신하고 있다.

주간 기도회에서 생일자가 있는 주간에는 찬송가 '여기에 모인 우리' 대신 복음성가 '축복합니다'를 부르는 등 모든 임직원이 비하임의 한 가족이라는 연대의식을 공유하고 있다고 한다. 비하임은 월드비전, 안구기증운동협회 등을 지속적으로 후원하고 있다. 회사 창립때부터 한국직원(해외지사포함) 한 명이 입사를 하면 월드비전 후원아동 한 명을 결연해서 현재 50명의 어린이를 지원하고 있다.

회사의 기부 문화를 조성하고 함양하기 위해 연말에는 직원들과의 송년회 대신 기부를 한다. 또한 2016년 연말부터는 당월 생일을 맞이한 직원의 이름으로 안구기증운동협회에 10만원씩 기부하고 있다.

특히 군부대 선교에 헌신하고, 군부대 및 군 교회 선교 활동을 전개하고 있다. 2013년부터 모 부대 도서관에 도서 및 책장 지원을 시작으로 현재까지 군부대 72곳과 군 교회 35곳을 선정하여 재정 또는 물품으로 기부하였다. 또한 단체 티셔츠를 제작하여 군부대 및 군부대교회 찬양단원들에게 지원하고 있으며, 건전한 청소년 문화를 함양하기 위하여 2014년 '중랑 청소년 윈드 오케스트라단'을 창단하여 현재까지 단장으로도 활동하고 있다.

그 외에도 다세연(다음 세대를 연결하도록 섬기는 부모, 교사, 목회자)의 모임에도 정기적으로 후원하고 있다. 매주 수요일을 가정의 날로 지정하여 가정의 소중함을 강조할 뿐 아니라, 가족과 함께 시간을 보내기 위해 6시에 정시 퇴근을 실천하고 있다.

기독경영은 최고의 경쟁력이다

곽영철 대표가 가장 좋아하는 성경말씀은 '행함이 없는 믿음은 그 자체가 죽은 것이다(야고보서 2:17)'와 '선을 행하고 선한 사업을 많이 하고 나누어 주기를 좋아하며 너그러운 자가 되게 하라(디모데전서 6:8)'이다. 믿는 사람들이 상대적으로 인색하다는 것이 곽 대표의 생각이다.

자신의 태도와 영성에 가장 필요한 훈련 분야는 내 소유(자신)라고 하는 마음을 내려놓고 우리 소유라고 생각하는, 즉 '나' 보다는 '우리'를 생각하는 인식의 전환이라고 한다. 자신은 오너가 아니고 하나님이 주신 기업을 관리하는 관리자라는 마음이 변하지 않도록 스스로를 단련시키고 있다고 한다. 즉 '하나님 보시기에 좋았더라' 라는 평판을 받아야 한다는 마음가짐을 견지하고, 이를 실천하고자 노력하고 있다. 향후 사업계획은 하나님께서 기회를 주신다면 의류 제품 라인의 폭을 넓혀 정비작업복 등 특수 의류 생산 및 판매 유통까지 도전해 보고 싶다는 것이다.

앞서 서술한 비하임의 경영 프로세스와 곽영철 대표의 경영철학과 비전에서 기독경영의 원리와 정신을 추론해 볼 수 있다. 곽 대표는 현재 cbmc 구로디지털지회 회장이며 주사랑공동체교회(이종락 목사 시무)를 섬기고 있다. 그는 '회사가 꾸준히 성장하고 있는 것은 모두 하나님의 은혜요, 이용기 사장님이 도와주신 덕분'이라고 강조했다. 목표나 비전을 묻자 그는 '바람이 있다면 사업이 잘되는 것도 좋지만 해외에 있는 직원을 포함해 전 직원이 예수 믿고 구원받는 것'이라고 한다. 주사랑공동체교회 집사이기도 한 곽영철 대표는 '회사가 꾸준한 성장하는 데에는 믿음의 직원들의 기도와 헌신이 있었다'고 진솔하게 간증하고 있다.

비하임의 경영철학과 경영제도와 실무에 기독경영연구원의 기독경영 원리[5]를 적용하여 살펴보자. 곽영철 대표는 자신이 불우한 유년기와 청소년기를 겪으면서, 소외된 이웃에 대한 남다른 관심과 애정을 몸소 실천하고 있다. 자신뿐 아니라 직원들에게도 생명나눔 실천 및 기부문화를 확산시키기 위해 안구기증, 장기기증, 시신기증, 헌혈을 적극적으로 권유하고, 기증에 서약하는 직원 및 직계 가족에게 사회봉사 수당을 지급하고 있다. 비하임을 통하여 사회적 책임과 사회

5) 기독경영연구원은 기독경영의 원리로서 책임(accountability), 배려(benevolence), 창조(creativity), 공의(justice), 신뢰(trust)의 5가지 원리 'JusT ABC'라는 두음문자(acronym)으로 제시하였다 (배종석 외, 2010)

공헌 활동에 앞장서는 기독경영의 배려 원리를 실천하고 있는 것이다. 이와 관련하여 성장과 규모에 맞게 국가와 사회에 기여하며 함께 나누는 회사를 경영 비전으로 수립하고 있다.

핵심 경쟁우위는 직원들의 각자 업무에 대한 충성심과 역량이라고 곽 대표는 강조한다. 지속 가능한 경영을 위해 동종업계에서 살아남기 위해서는 끊임없는 연구와 혁신이 필요하다고 인식하고, 경쟁력을 높이기 위한 혁신활동을 위해 본사 업무를 과감하게 해외 사업장이 있는 현지로 이관하였다. 직원의 교육·훈련 면에서는 각 직원들의 업무에 맞는 교육 프로그램이 있으면 적극적으로 참여를 권유하고 있다. 직원 개인의 역량개발과 개인의 비전 추구에 적극적인 지원을 아끼지 않고 있다. 이러한 활동과 의식은 기독경영의 창조원리를 실천하고 있다고 판단된다.

의류 업계에서는 가격, 품질, 납기가 최고의 경쟁력이다. 영업활동 면에서 직원의 실력이 곧 영업이라는 곽 대표의 소신에 따라 영업부서의 직원들에게 바이어가 원하는 경쟁력과 바이어가 생각하는 눈높이에 맞추도록 독려하고 있다. 수출의 비중이 약 80%인데 가격경쟁력 면에서 국내 벤더(vendor)끼리 경쟁하는 것이 아니라는 마인드를 가지고 있다. 더 가격이 싼 국가들과 경쟁하기 때문에 어려움이 많지만 품질 경쟁력은 상대적으로 상위권으로 평가받고 있다. 이러한 경영활동은 경영의 효율성과 효과성을 제고하는 기독경영의 책임원리를 실천하는 것이다.

곽 대표는 직원과의 소통에 있어서, 직원을 믿어주고 인정해 주고 직원 스스로의 주인의식(ownership)을 심어주는 것이 가장 큰 소통이라 생각한다. 직원의 임금수준은 동종업계에서는 상위권에 속한다. 급여관리 중 성과급에서는 수출실적(1월~12월) 기준으로 정산한 후, 관리비를 제외한 수익금에서 15%를 임직원에게 지급하고 있다. 직원들의 태도 면에서 직원 대부분은 애사심이 강하고 각자 업무에 충성을 다하고 있다. 직원과의 관계는 신뢰에 그 바탕을 두고 있으며, 급여와 성과급 면에서 형평성과 공평성을 유지하고 있다는 점에서 비하임 경영은 기독경영의 신뢰와 공의 원리를 실천하고 있다고 보여진다.

더 나아가 곽영철 대표는 비하임을 비단 수익 창출의 수단으로 인식하기보다는 선교사역의 발판으로 활용하고 있다. 곽 대표는 신앙을 가진 지휘관 한 명이 병사들의 교회 출석에 미치는 영향은 매우 크다는 생각을 가지고 회사 기부금 대부분을 지휘관이 신앙생활을 하는 군부대 및 군 교회에 기부하고 있다. 또한 단체 티셔츠를 제작하여 군 장병들에게 지원하고 있다. 비하임의 군 선교 사역은 곽영철 대표에게 하나님이 감동을 주신 사명으로 여기고 있다.

Good Business

청년이 일하고 싶은 기업, 제스파

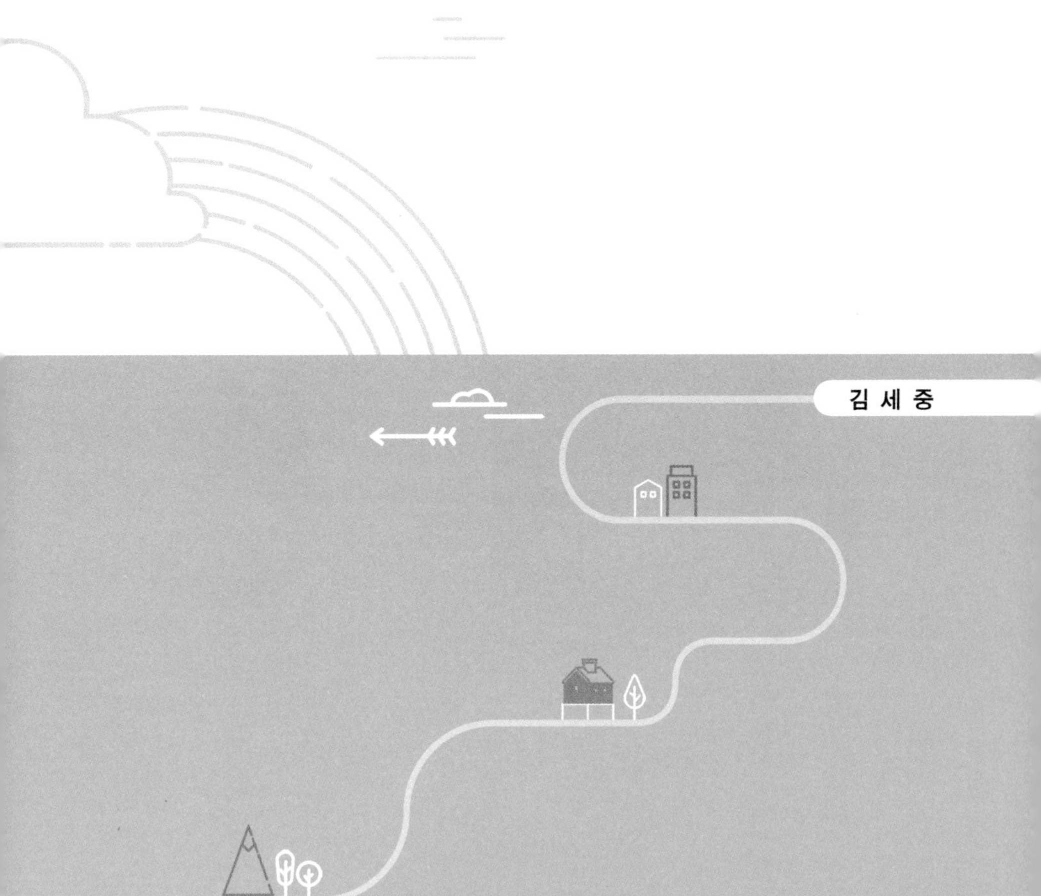

“스스로 지혜롭게 여기지 말지어다. 여호와를 경외하며 악을 떠날지어다.” (잠 3:7)

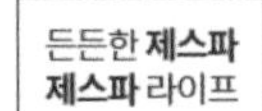

고객 여러분의
아름다운 건강과 건강한 아름다움을
제스파가 함께 만들어가겠습니다.

선지적 위기 관리 경영

1995년 5월 27일 5시 57분, 우리의 기억에 생생하게도 당시 명품 브랜드의 플래그십(flagship) 스토어로서 위풍당당했던 삼풍백화점 건물은 20초만에 일거에 붕괴되며 안에 있던 1,500여명의 인명을 삼키면서 지하까지 주저앉았다. 공식 통계로 사망자 506명에 부상자 900명이었다. 그 외 다수의 행불자가 있었다.

삼풍백화점의 납품업체였던 ㈜태광그린의 김태주 대표와 안성희 부대표는 참사 현장을 TV로 보며 울렁거리는 가슴을 쓸어 안았다. 만일 석 달 전 태광그린의 1층 매장을 빼지 않고 그대로 두었더라면 어떻게 되었을까?

수개월 전 김 대표는 삼풍백화점에서 의류 사업을 하고 있는 지인을 만나서 삼풍 경영자의 가치관에 대해서 듣고 난 후 중대 결심을 하게 된다. 당시 명품매장으로 유명세를 타고 있던 삼풍백화점에 치열한 경쟁을 뚫고 1층에 애써서 입점하였던 실버용품 매장을 즉시 철수한다는 결정이었다. 그 이유는 백화점 경영주의 경영철학과 가치관에 실망하였던 것이 원인이었다.

보통 사람은 이 정도로 어렵게 입점한 매장을 철수까지는 하지 않는다. 미래수익과 투자금이 아까워서라도 말이다. 그러나 그는 경영주에게서 미래를 볼 수 없었고 직관적으로 거래 중단과 매장철수까지를 판단하였던 것이다.

당시 건물의 부실공사에 대한 정보는 전혀 몰랐다고 한다.

부대표로서 브랜드 가치를 위해 온갖 애를 써서 입점을 추진했던 아내 안성희 부대표의 눈물 어린 만류에도 불구하고 전격적인 철수를 감행하여 결과적으로 큰 손실 예방과 함께 매장 직원의 생명을 보호하는 선견지명을 발동하였던 것이다.

이후에도 97년 IMF 외환위기 사태가 닥치기 전에 김 대표는 건설회사를 끼고 있는 백화점 매장들을 차례로 철수하였다. 건설회사의 자금회수 기간이 장기간이라서 보완책으로 자금회전이 빠른 백화점을 설립 운영하여 운전자금을 충당하려하기 때문에 불황이 닥치면 백화점에서 자금을 먼저 인출하여 건설회사로 수혈함으로써 백화점이 부실해지기 마련이었다.

아니나 다를까, 그가 매장을 철수하고 자금을 회수한 백화점마다 이후 얼마 가지 않아 연쇄적으로 부도를 내버리고 만다. 신세계와 롯데백화점을 제외한 나머지 건설회사를 모기업으로 하는 백화점들인 건영, 킴스클럽, 나산 등의 부도를 정확히 예측하며 사전에 납품 대금을 회수하고 매장을 철수하였다.

그렇게 해서 1997년 IMF 사태가 닥치기 전에 자금을 회수하고 경영정상화를 이루었고, IMF 사태 이후에 오히려 견실한 성장을 할 수 있었던 것이다.

이를 김 대표는 하나님께서 사전에 피할 길을 주셨다고 표현한다. 하나님께서는 어떠한 변화가 있기 전에 먼저 우리에게 징조를 보여주신다는 것이다. 문제는 우리가 그 싸인에 얼마나 민감한가 하는 것이다. 우리의 영성이 바로 서 있지 않으면 그 순간을 무심코 지나치게 되는 것이다. 그러기에 경영자는 잠시라도 경영에 있어서 영성을 무디게 하는 교만을 경계해야 한다.

부부가 함께 사업을 시작하다.

제스파의 창업자 김태주 대표는 1952년에 경북 안동에서 태어나 목포에서 유년기를 보내고 초등학교 시절 광주와 천안, 서울을 거쳐 용산 중고등학교와 연세대 영문과를 졸업하게 된다. 공군 복무 시절에는 레이더 기지에서 근무하면서 군종사병으로 봉사한 바가 있다. 레이더병 시절 훈련소 최우수 성적이었지만, 보직 발령을 맡은 행정병이 요구하는 담배 한 보루를 거절하여 제주도로 발령받지 못하고, 고생스런 백령도로 가게 된 일화가 있다. 그의 성격의 올곧은 면을 보게 하는 대목이다.

대학 졸업 후 현대종합상사를 3년 근무 후 퇴직하고, 6개월간 유학의 뜻을 가지고 노력하였으나, 포기하고 한국IBM에 입사하게 된다. 10년 후에는 창업의 뜻을 세우고 IBM에서 12년을 근무하는 동안 직장에서 통계관리, 예산관리, 소프트웨어 개발, 영업소 관리, 마케팅, 홍콩사무소 등 여러 부서를 두루 거치며 관리역량을 쌓을 수 있었다. 승진이나 연봉 등에 대한 관심보다는 오히려 돈 벌면서 배운다는 개념으로 감사하며 다녔다고 한다.

아내인 안성희 부대표는 결혼 전 1980년대 초에 중동 쿠웨이트의 병원에 임상병리사로 파견되어 근무하면서 우연히 현지 간호사들의 머리에 쓴 면으로 된 하얀 캡이 부실하여 쓸모와 맵시가 없음을 발견하고, 한국에서 빳빳한 플라스틱 캡을 수입하여 간호사들에게 인기리에 판매한 적이 있으며, 커피 자판기 사업으로 30대를 운영하는 등 상업적인 기질을 발휘하게 된다.

김태주 대표는 1981년 결혼 후 아내인 안성희 부대표의 사업적 소질을 발견하고 격려하여 80년대 초반에 정수기 사업을 시작하게 되었으며 신세계 백화점으로 납품하게 된다. 그 후 공기정화기와 건강용품, 소형가전 등으로 확장하면서 마침내 김태주 대표는 한국IBM을 명예퇴직하고 93년도에 생활용품 종합유통업체인 ㈜태광그린을 시작하게 된다.

설립 당시부터 그가 세운 경영철학은 다닐만한 회사, 좋은 회사, 자랑스러운 회사를 만드는 것이었다. 첫째, 다닐만한 회사는 직원과 관계되어 근로조건이 좋고, 직원 만족도가 높아 실적이 향상되고, 이것이 자연스럽게 선순환되는 회사이다.

둘째, 좋은 회사란 거래처, 협력업체, 은행, 관공서 등 이해관계자들과의 관계로, 결제신용이 좋고 세금을 탈루하지 않으며, 오직 품질과 가격, 그리고 A/S로 승부하는 회사이다. 또한 성, 학력 등의 차별이 없는 회사이다.

셋째, 자랑스러운 회사는 사회와의 관계에서 기업이익의 사회환원과 사회공헌을 하는 회사로서 긴 안목으로 사회를 발전시키는 사회적 가치를 창출하는 회사이다.

이는 아주 자연스럽게 CSR의 권위자인 Dr. Carroll의 사회적 책임의 4가지 발달단계를 연상케 한다. 그것은 기업의 경제적 책임, 법적 책임, 윤리적 책임, 자선적 책임이다. 제스파는 이 원리를 내부직원으로부터 외부 이해관계자, 그리고 사회로 책임의 폭을 넓혀 나가고 있는 것을 알 수 있다.

시련을 기회로 만든 정도경영

㈜태광그린은 1993년 정수기, 공기정화기, 건강기기 및 생활용품 유통업으로 시작하였다. 그러다 점차 홈쇼핑 네트워크를 구축하며 거래기반을 넓혀 나갔다.

김태주 대표는 경영내실화를 위해 유명무실한 지방백화점 매장들을 차례로 철수하고 할인점으로 집중하였으며, 홈쇼핑으로 유통망을 넓히고 급속히 사세확장을 하던 중 난데없는 시련을 만나게 된다. 바로 엔젤녹즙기의 쇳가루 파동이었다.

건강에 관한 관심으로 전국적으로 선풍적인 인기를 누리며 선금을 내고도 줄을 서서 녹즙기 공급을 기다리던 대리점들에게는 마른 하늘의 날벼락과도 같은 사건이었다. 전국적으로 빗발치는 반품 소동에 대리점마다 쌓아놓은 재고는 뒷감당이 어려웠고 도산하는 업체들이 줄을 이었다. 특히 생활용품 유통업계의 큰손이었던 태광그린은 규모에 비례하여 더욱 큰 타격을 입게되었다.

그러나 혼란한 상황 속에서도 김태주 대표는 군소 납품업체들의 반품과 대금상환 요구를 모두 받아주었으며, 부도난 본사를 대신하여 A/S까지 책임을 져 주었다. 나중에 쇳가루 파동이 잠잠해지고 제품도 일부 보완되면서 대리점들이 본전이라도 건지기 위해 녹즙기 재고를 결제 신용이 좋다고 소문난 태광그린에 생산원가로 넘기게 되는데, 태광그린은 이 재고를 현금으로 인수하여 나중에 녹즙기 파동이 잠잠해지고 난 후, 시장판매가(55만원)의 50%로 할인 판매함으로써 손실을 보전하고도 오히려 이익을 낼 수 있었다고 한다.

이와 같이 태광그린은 출발할 때부터 손해가 나더라도 상거래의 원칙과 신용을 중시하며 정도경영을 하는 업체로서 연매출 500억, 직원 70명의 회사로 자리를 잡아갔다. 150여개 협력업체에 대하여 소위 갑질을 하지 않는 공정거래의 원칙을 지키며, 명절 때에 선결제를 해주는 등 IBM의 선진 시스템을 많이 적용하였다.

하프 타임과 새로운 시작

스포츠에도 그렇듯이 인생에도 전반전과 후반전이 있다. 2006년 김태주 대표는 대형마트가 직거래 방식을 채택함에 따라 단순 벤더(납품업체)로서의 태광그린으로는 사업기회를 점차 잃어가는 상황임을 간파하고, 태광그린의 유통사업을 처분하고, 직원들에게 자영업으로 독립하도록 전폭적으로 지원해 주면서 4년 동안 경영과 인생의 안식년을 가지게 된다. 이점은 사업을 하는 사람들이 눈여겨봐야 할 대목이다. 전환이 필요한 시점을 감지하고도 그 상태를 지속하기보다는 변화를 위한 멈춤을 과감히 실현한 것이다.

그 후 2010년 사업을 다시 시작하게 되는데 심기일전하는 의미로 회사의 이름을 제스파(ZESPA : Zenith + Sparkle의 합성어)로 지었다. '정상의 불꽃'이라는 의미로 하나님께서 주신 본래의 건강한 아름다움을 최상으로 유지시키기 위해 미용 및 건강의료기기 분야에서 최선을 다한다는 제스파의 미션을 담고 있다. 영문학을 전공한 김 대표가 직접 지은 이름이었다.

사업을 다시 시작하면서 ㈜제스파의 사업방향을 전면적으로 바꾸었는데 첫째, 오프라인 영업 방식에서 온라인 영업 위주로 바꾸고, 둘째, 단순 납품업체가 아닌 준 제조자 방식으로써 ZESPA(제스파)상표를 OEM 내지는 ODM 방식으로 전 품목을 생산하여 브랜드 마케팅을 하였으며, 셋째, 기존에 하던 소형생활가전에서 탈피하여 건강기기, 미용기기에 집중 투자하게 된다.

제스파는 1993년 전신이 된 ㈜태광그린을 시작으로 20년 이상 축적된 기술력을 바탕으로 매년 꾸준한 발전을 이루고 있다. 고객의 '건강한 아름다움'을 지켜드리자는 하나의 일념으로 제품의 연구개발에 매진하였고, 안마기, 찜질기, 찜질팩, 의료용 압박스타킹, 보호대, 이미용기기 등에서 1000개 이상의 제품 모델을 보유하며 국내 건강·미용기기 시장을 선도하고 있다.

고객만족도 향상을 위해서 품질개선관리, 불량률 제로라는 목표를 달성하기 위해 제품개발 및 관리에도 심혈을 기울이며 더 좋은 품질, 더 좋은 서비스를 위해 최선을 다하고 있다.

이와 함께 온라인(소셜마켓 · 종합몰 · 오픈마켓) 및 오프라인 업체들을 비롯하여 면세점, 대형마트, 홈쇼핑 등을 통해 비즈니스 협력관계를 구축하고 있으며 다양한 유통채널 확보와 파트너사 협력을 통하여, 고객들과 더 많은 만남과 공감을 이루기 위하여 노력하고 있다.

이러한 노력의 결과로 한경비즈니스가 주최한 2019 대한민국 브랜드 어워즈에서 '대한민국 헬스케어 브랜드 대상'을 2년 연속 수상하였으며, 머니투데이에서 2년 연속 소비자 만족 대상을 수상하기도 하였다.

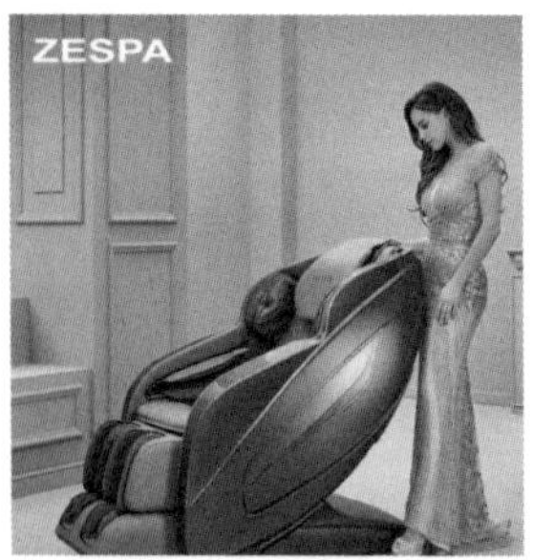

청년, 여성 친화 강소기업 제스파의 강점들

1. 자연스러운 디자인 철학

제스파의 디자인 컨셉의 키포인트는 자연스러움이다. 세련된 박스 및 칼라디자인, 인체공학적이면서도 내츄럴한 제품 디자인을 추구함으로써 일상과 가장 자연스럽게 조화되는 트렌드를 앞서서 창조하고 있다. 사실 기능을 최소한 희생하면서 자연스러움을 설계와 금형에 구현한다는 것은 쉽지 않은 일이며, 창조적 혁신이 필요한 영역인 것이다. 이것을 위해서는 디자인 팀과 다른 팀의 칸막이가 있어서는 안되며 상호 업무 프로세스가 투명하게 개방되어 활발한 의사소통이 있어야 가능해진다고 한다. 이점이 제스파의 차별화된 기업문화이며 경쟁력이라고 볼 수 있다.

2. 정직한 마케팅과 깨끗한 영업 관행

마케팅에 있어서는 담당 직원이 다른 업체에서도 일해 봤지만 제스파만큼 정직하게 하는 곳을 못 봤다고 고백하고 있다. 절대로 과대광고 등 불법적인 일, 편법적인 일을 하지 않으며 그래서 처음에는 업무추진이 답답하지만 차별화된 신뢰가 형성되어간다고 한다.

영업에 있어서도 온라인 영업이 70%, 오프라인 영업이 30%의 비중을 차지하고 있다. 오프라인의 경우 B2B가 50%를 차지하고 있으며, 어버이날, 명절 등 기업체의 특수를 담당하고 있다. 아무리 거래 규모가 클 경우라 할지라도 정직의 원리는 그대로 지켜서 정석대로 영업하는 것을 고수하고 있으며, 이를 벗어나는 영업은 깨끗하게 포기한다는 것을 원칙으로 하고 있다.

3. 사람 중심의 공동체 문화

"너희의 하나님 여호와께서 너희의 손으로 수고한 일에 복 주심으로 말미암아 너희와 너희 가족이 즐거워할지니라" (신12:7)

김 대표 부부는 안식년 후 새롭게 ZESPA를 출범시키면서 회사의 문화를 차별과 갑질이 없는 문화, 의사결정 이전에 자유로운 토론과 커뮤니케이션, 그리고 전폭적인 위임 등이 중심이 된 미래지향적인 기업문화로 정립해 나갔다.

제스파의 경영주와 가족은 기독교인이지만 직원들은 종교에 있어서 자유롭다. 직장예배는 공식적으로 드리지 않는다. 사내에 기독교적인 상징물은 회의실에 걸린 자그마한 성경구절(신12:7) 액자 하나 뿐이다. 70여명의 직원 중 5~6명이 목요일 아침 자발적으로 모여 예배를 드리고 있으며, 회사에서 강제로 권면하지는 않는다.

종교 · 나이 · 성별 · 학력 등의 차별이 없고 업무능력에 따라 연봉을 결정한다. 그래서인지 직원 중에는 젊은 사람들이 많고 활기가 있다. 회사에 대한 애착과 함께 개인과 회사의 동반성장의 분위기가 조성되어 있다. 따라서 중소기업임에도 불구하고 이직률이 적고 장기 근속자가 많아지고 있다. 정년이 따로 없다는 분위기라서 60~70대까지도 근무가 가능하다.

예를 들어 1년에 2회 해외 거래선 방문 상담 기회가 있는데 이를 직원들의 능력개발 기회로 적극 위임해주며 나중에 타사에 스카우트 된다 해도 그때까지 인재를 개발해내는 사명을 다했다고 자부한다. 따라서 직무만족도와 생산성이 높을 수밖에 없으며 최근에도 유능한 직원 2명이 경쟁사에 온라인 팀장급으로 스카우트 된 바가 있다. 그래도 높은 조직개방성이 더 나은 인재들을 영입하는데 긍정적으로 작용할 것이라는 믿음을 가지고 있다.

직원들의 복지수준이 현재는 타사 대비하여 나은 수준이지만, 미래에는 월등한 조건으로 제공하고, 워라밸을 대기업 수준으로 만들고 싶은 것이 경영진의 생각이다. 결론적으로 제스파가 '다닐만한 회사, 좋은 회사, 자랑스런 회사'로 임직원들과 업계와 사회에서 인정받기를 바라고 있다.

이를 입증하듯이 제스파는 2017년부터 2019년까지 3년 연속 '청년 친화 강소기업'에 선정되었다. '청년 친화 강소기업'이란 초임, 근로시간, 복지혜택이 우수하여 청년들이 근무하기 좋은 중소기업을 의미한다. 고용노동부에서 선정하는 청년 친화적 기준들을 모두 반영하여 선정되었다. 앞으로도 청년은 물론 누구나 다니기 좋은 회사로서 더욱 도약하는 제스파가 되기를 소망하고 있다. 이것은 사내의 유일한 상징으로 걸려있는 성경구절(신12:7)이 부끄럽지 않은 회사가 되기 위해 노력하고 있다는 증거이다.

또한 제스파는 '여성 친화 기업'이라고 자부하고 있다. 임신과 출산으로 인한 퇴사 고민 없이 마음 놓고 직장을 다닐 수 있도록 제도적 지원을 아끼지 않는다. 육아휴직, 산전·산후 휴가, 가족 돌봄 휴직 등 법이 보장한 제도를 최대한 사용하는 문화를 만들어 가고 있다. 육아휴직은 1년이며 후에 경력단절이 되지 않도록 휴직 후의 업무 복귀를 보장하고 있다. 이점이 여성 직원들의 만족도와 몰입도를 고양시켜 주고 있다.

사람을 존중하는 문화가 그저 제도적 차원으로만 형성되는 것은 아니다. 한 예로 피부질환으로 인해 사무실 온습도와 환경변화에 민감하여 자주 자리를 비워야 하는 등 애로사항을 겪고 있던 여직원을 배려하여 사무환경 개선과 근무시간의 융통성을 허용하여 주었다. 그로 인해 성격까지도 예민할 수밖에 없었던 직원을 5년간이나 오랫동안 기다려 준 결과, 직원이 잠재능력을 최대한 발휘하게 되었으며, 마침내 믿음을 갖게 되고 기도를 통해 치유까지 받게 되었다고 증언한다. 권면하며 인내해 준 어머니 같은 안성희 부대표에 대하여 감사하는 마음을 고백하며, 제스파는 기다려주고 배려해주는 공동체 같은 회사라고 눈물을 글썽이며 증언한다.

직원들의 마음 저변에서 공통적으로 느껴지는 감정은 바로 회사가 진정한 '공동체'라는 사실이다. 공동체를 슬로건으로 걸어놓은 기업들은 많지만, 그것이 팩트로 자리잡기까지는 희생과 인내가 따르지 않을 수 없다.

4. 재무건전성

재무상황에 있어서는 최대한 정직한 매출과 세무신고를 위해 노력하고 있으며 이것을 유통현장에서 자주 발생하지만, 누락되기 쉬운 현금거래에도 철저히 적용시키고 있다.

자신의 회사의 재무상황에 대하여 당연한 줄로 여기고 있던 재무담당 김혜연 과장은 어느 날 주거래 은행은 물론 다른 은행과의 상담을 통해 회사의 재무제표 상황이 너무나 깨끗하고 정직하다는 평가를 이구동성으로 받았으며, 동시에 특별 우대조건의 거래와 대출을 경쟁적으로 제의 받고 새삼 회사에 대한 자부심을 갖게 되었다고 증언한다.

현재 회사의 규모는 직원 75명으로, 문정동 사무실과 경기도 광주 및 용인에 3000평 규모의 물류센터를 운영 중이다. 매출은 2018년 320억, 당기 순이익 28억을 거두었고, 2019년도 매출은 370억과 당기 순이익 36억을 예상하고 있다.

중소기업으로서 정직과 신뢰의 경영평가를 바탕으로 은행의 신용등급이 B+에서 A등급으로 향상되었으며 대출에 있어서는 은행간 경쟁으로 신용대출 이자 2%까지 제의받고 있다.

5. 기부와 선교

어느 날 김태주 대표가 고속도로를 달리던 중 타이어가 찢어지는 사고가 나면서 순간적으로 차가 기울고 미끄러지다가 간신히 갓길에 멈추게 되었다. 안도의 한숨을 내쉬면서 문득 언제 죽을지 모르는 인생이라는 생각이 들었고 살아있을 때 선교에 투자하리라고 마음을 먹게 되었다.

후에 엔젤 녹즙기로 돈을 많이 벌게 되자 김 대표는 이 약속을 실천에 옮겨서 지금의 중동선교회를 섬기게 된다. 중동선교회는 오늘날 대통령 국가조찬기도회장인 두상달 장로가 설립한 이래로 많은 선교사와 배머(BAMer)들을 육성하고 후원하는 일을 해왔다.

㈜태광그린 때부터 시작하여 지금은 월 1,000만원을 꾸준히 6년여 동안 사회에 기부하였으며, 그중 50%는 기독교 유관 분야, 중동선교와 신학생 장학금 등에 기부하였고, 50%는 소년 소녀 가장, 독거노인, 미혼모 등 50여 명을 후원하였다. 그리고 2024년에는 2세에게 경영을 인계하고 자신은 복지재단을 설립하여 사회공헌에 헌신할 계획을 가지고 있다.

제스파는 다양한 사회공헌 활동을 통해 기업의 사회적 책임을 다하며 건강한 고객의 아름다움과 사회의 건강함을 추구하는 기업이 되고자 노력하고 있는데, 2019년 4월 발생한 강원도 고성 산불피해 때도 주민들을 위해 한국기독실업인회(CBMC)를 통해 1,000만원을 기부하였다. 또한 '사회복지법인 대한복지협회'를 통해 의자형 안마기, 발마사지기, 매트리스 등 약 70종의 건강 제품들을 1년에 세 번씩 설, 어버이날, 추석 때에 취약계층의 어르신들에게 기부해 왔으며 항상 온정을 나누는 제스파로서 섬김을 실천하고 있다.

제스파는 굿네이버스의 국내 아동권리 보호사업에도 매월 정기적으로 후원하고 있다. 국내 아동권리 보호사업이란, 국내 여아를 위한 반짝반짝 선물상자, 저소득 가정 지원, 아동학대 예방, 결식아동 지원, 방학 중 저소득 아이 급식 지원 등을 아우르는 사업이다.

해외에서는 아프리카 우간다에서 도움이 필요한 교사와 어린이들이 있는 초등학교 Vision Primary School에 꾸준히 후원하고 있으며, 어려운 여건에서도 모두 배움의 끈을 놓지 않고 성실히 공부하도록 격려하고 있다. 사진은 학교측에서 감사의 뜻으로 정성 어린 액자를 만들어 준 것이다. 이제 제스파는 글로벌하게 나눔의 손을 확대하여 사랑을 실천하고 있다.

다음 세대에 필요한 것은 신앙의 유산과 경영 능력이다

가업승계는 소상공인부터 중소기업, 대기업에 이르기까지 대한민국의 모든 기업인들이 고민하고 있는 이슈일 것이다. 김 대표는 장남인 김철현 본부장에게 가업승계 절차를 치밀하고 적법하게 진행 중이다. 단순히 혈연인 관계가 아니라 실제로 엄격한 능력의 검증기간을 거쳐왔다. 김 본부장은 제스파의 회사매출 100억의 시점에 입사하여 물류, 오프라인 영업, 온라인 영업의 경험을 거치면서 4년여 만에 매출액 370억으로 성장하는데 실질적인 역할을 담당해 왔다.

그는 현재 제스파 건강미용기기의 아마존 입점을 추진 중이며 세계시장을 대상으로 아마존과 동반성장을 통해 매출을 1000억대로 끌어올릴 비전과 계획을 갖고 있다. 그의 숙제는 현재 진행되고 있는 4차 산업혁명 시대에 인공지능을 통한 맞춤형 마케팅과 궁극적인 고객만족의 실현이다. 먼저 내부고객을 우선적으로 고려하고 있는데 그 이유를 김 본부장은 '고객들은 어쩌다 보지만, 회사 직원들은 매일 만나는 친구와도 같다'라며 이들과의 관계가 인격적이고 원만할 때 외부의 고객들 역시 진정으로 우러나는 친절함으로 대할 수 있게 된다고 강조하고 있다.

삶과 경영에 있어서 그 자신의 성향에 대해서는 부친의 예리함과 모친의 친화성을 따라갈 수 없지만 자신이 부친과 모친의 장점을 절반씩을 지니고 있는 것 같다고 겸손하게 평가하면서 가장 중요한 것은 부모님을 통해 받은 신앙의 유산과 정도 경영을 실천하는 자세를 전수받은 것이라고 생각한다. 신앙의 교육은 가장 큰 유산으로서 자연스럽게 후세의 리더십으로 이어지는 것을 보게 된다.

일터에서 평신도 리더를 세우기 시작하다

기독실업인회(CBMC) 새서울지회장을 역임한 안성희 부대표는 평신도를 독립된 사회의 경영자와 리더로 세우기 위해서는 스스로 성경을 공부하고 해석할 수 있게 하는 성경연구전문과정이 필요함을 깨닫고, 2019년 9월 회사 내 회의실을 개방하여 성경연구 모임을 시작하게 된다. 참가자격은 CBMC 회원, 제스파 임직원, 그리고 성경연구에 진지한 관심을 가진 경영자와 일반인들로 구성되었다. 일터에 세워진 오픈 세미나인 셈이다. 과정은 제주도 열방대학의 강사였고 지금은 JIBS 성경연구 리더인 박은서 목사가 지도하고 있으며,

회를 거듭할수록 모임에 대한 관심이 증가하고 있다. 신구약 개론(통바이블) 1학기, 구약과정 1학기, 신약과정 1학기의 총 3학기로 구성되어 있으며, 이 집중과정을 마치면 성경에 대한 관점이 확립되고 분별력이 생기게 된다고 한다. 바라기로는 앞으로 사내 임직원들이 자발적으로 모두 참여했으면 하는 기대를 갖고 있다.

그동안 한국 교회의 제자훈련이 주로 교회 성장의 목적에 머무르고 있었다면 이제는 그것을 넘어서 사회 각 분야 일터에서 제자로서 스스로 서게 하는 평신도 교육의 고급과정이 필요한 때라고 할 수 있다. 비록 시작은 미약하지만 이러한 일터에서의 진지하고 자발적인 성경연구가 많은 경영자와 직장인들에게 자리잡을 때 기업과 교회와 우리 사회의 책임 있는 변화가 이루어질 것을 믿고 있다. 하나님의 크신 경륜이 정직한 중소기업으로부터 시작되는 것을 보게 된다.

■ 제스파 연혁

· 1993
  - ㈜태광그린 설립
  - 거래처: 이마트, 홈플러스, 롯데마트 등 전국 대형마트
  - 취급품목: 소형가전, 엔젤 녹즙기, 하나마트 (락앤락) 주방
· 2000
  - ㈜제스파월드 설립 (홈쇼핑 전문 납품 회사) 현대홈쇼핑, LG홈쇼핑 납품
  - 취급품목: 노비타 비데, 수입가전, 피부미용기, 마크윈 색조화장품
· 2008
  - ㈜제스파로 상호변경, 제스파 온라인 쇼핑몰 런칭
  - 거래처: 건강기기 수입/제조/유통, 의료기기, 미용기기
  - 취급품목: 건강기기, 의료기기, 실버복지용품
· 2014
  - 하이마트 입점 [마사지기, 찜질기, 찜질팩, 보호대 등]
  - 공기압 마사지기 디자인특허 등록 [등록번호 3007771880000]
· 2016
  - 2016 도전 창조경영인 대상 수상 [(사)도전한국인운동협회 및 도전한국인운동본부 주관]
  - 롯데닷컴 감사패 수상 [롯데닷컴 우수 협력사]
  - CLEAN 사업장 채택 [고용노동부/한국산업안전보건공단]
  - 통합물류창고 확장공사
· 2016
  - 국제 뷰티 대상 시상식 최고 건강 미용 유통기업 대상 수상

· 2018

- 2년 연속 이베이코리아(지마켓, 옥션) Best Partner 선정
- 머니투데이가 주최한 '2018 소비자(고객)만족 대상' 수상
- 대한민국 브랜드 어워즈 '대한민국 헬스케어 브랜드대상' 수상

· 2019

- 2년 연속 '2019 소비자 만족 대상 수상'
- '2019 대한민국 우수 브랜드대상' 수상
- (주)제스파 2019 강소기업 선정 [고용노동부 주관]

Good Business

지혜의 '샘'이 샘앤북스의 '강'이 된 이야기

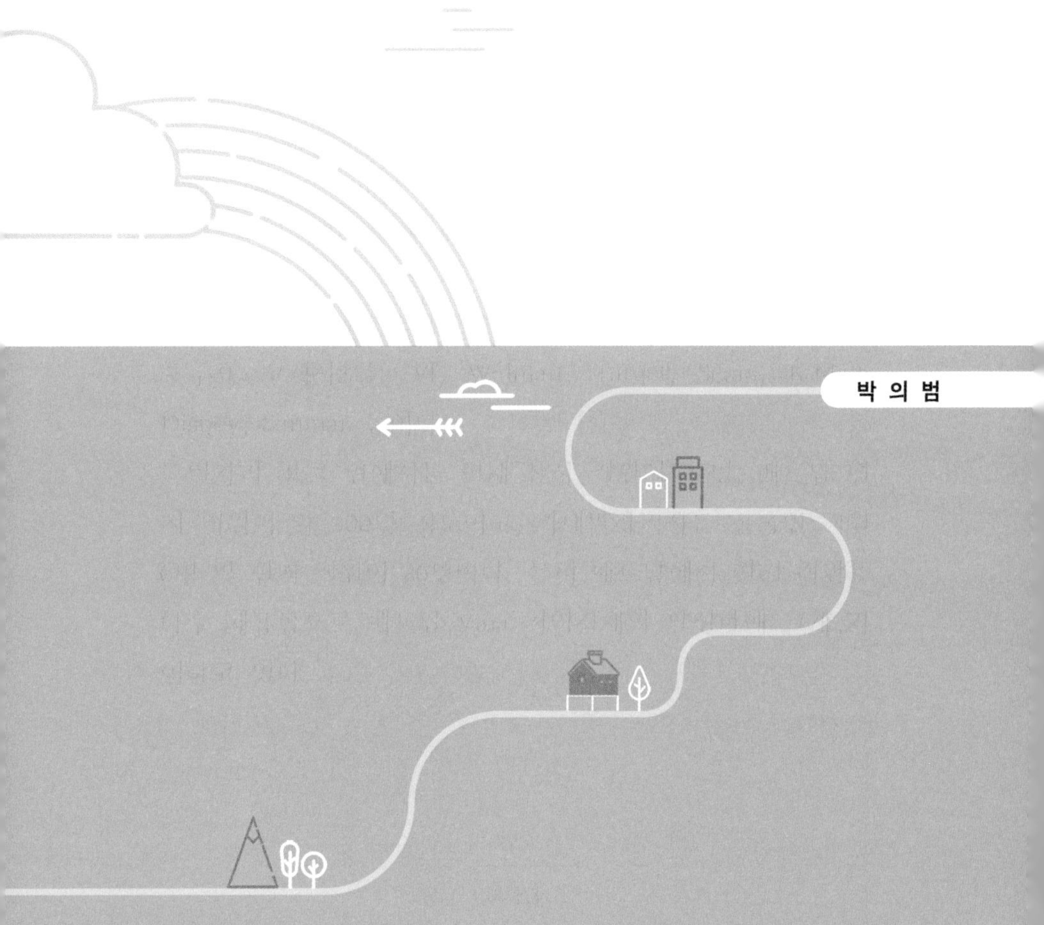

"기독 출판물을 내기 때문에 기독 출판사가 아니라 경영방식을 공의롭게 하는 것이 더 중요하다고 생각합니다."

2013년 12월 4일 방문한 기독공보 김혜미 기자(khm@pckworld.com)에게 들려준 도서출판 '지혜의샘' 이낙규 대표(일산은혜교회 집사)의 말이다. 아내는 그에게 '골수정의파'라는 별명을 붙여줬을 정도이다. 사업이 잘 되는 것보다 더 중요한 가치는 '옳은 것'에 있다는 게 그의 소신으로 '공의로운 교회, 공의로운 회사, 공의로운 생활방식'을 언제나 강조하고 있다.

'지혜의샘' 출판사는 주식회사이다. 이 대표 역시 주주의 일원으로 책임을 맡고 있을 뿐이다. '과연 공의로운 길을 고

집하면서 충분한 수익창출이 가능할까?'라는 김 기자의 생각은 기우에 불과했다고 말한다. '지혜의샘'은 회계 · 경영 전문 출판사로 지난 2008년 설립된 이래 꾸준히 내실을 다져와서 동종 출판계에 비해 월등한 성과를 달성하는 출판사로 성장했다. 기독경영연구원 기독경영아카데미 12기 출신인 이낙규 대표는 성공적인 경영의 비결 역시 '공의로움'의 가치에 있다고 했다.

포기하려던 출판업을 창업한 사연

샘앤북스 이낙규 대표는 1972년생으로 충남 부여에서 태어났다. 하지만 주로 전북 익산에서 청소년기와 청년기를 보냈다. 익산 금마면이란 조그마한 동네인데, 중학교 2학년 때 동네 형의 전도를 받아 금마성결교회를 다니게 되면서 신앙생활을 시작했다. 익산 남성고등학교를 졸업하고 원광대학교에 진학하면서 대학생선교회(CCC)에 가입하여 체계적인 선교훈련을 받았다.

이 대표는 좀 특이한 학업 과정을 거쳤다. 원래는 91학번으로 원광대학교 사범대 과학교육학과에서 물리학을 전공했는데, 물리과목을 낙제하게 되어 대학을 중퇴하고 말았다. 그런 후 군대를 제대하고 일본으로 6개월 정도의 단기 자비량 사역을 다녀왔다. 이 기간에 쿄토의 동지사(도시샤)대학을 거의 매일같이 다니면서 그곳 현지의 예수회와 함께 찬

양사역을 담당하였다.

특히 동지사대에는 윤동주 시인의 시비와 함께 서시가 새겨져 있었는데, 매일같이 그 시비를 보면서 많은 감동을 받았다고 한다. 귀국한 후에 윤동주 평전을 공부하면서 문학도의 꿈을 가지고 다시 수능을 치러 원광대학교 국문학과에 97학번으로 재입학했다. 91학번으로 물리학을 전공할 때는 평점이 2.10에 불과했는데, 국문학과로 졸업할 때는 평점이 4.11로서 성취감을 맛보았다.

그러나 이 대표가 졸업할 당시엔 IMF 외환위기의 영향으로 경제상황이 좋지 않은 시기였다. 늦깎이 국문학과 졸업생을 받아줄만한 기업들이 별로 없었다. 작은 방송사에 구성작가로 취업했지만 열악한 업무환경과 비인격적인 대우, 그리고 최저임금에도 못 미치는 월급으로 인해 한 달도 안 돼 퇴사하였다. 그 후 패잔병처럼 고향 본가로 내려왔는데, 익산의 한 유명 입시학원에서 얼떨결에 초중고 국어와 언어영역 강사로 채용되었다. 초등학생부터 대입 재수생까지 전 과정을 가르치게 되었는데 능력을 인정받아 점차 수업이 많아지게 되었다.

하지만 입시를 준비시키는 학원 강사라는 직업은 점차 이 대표의 인간관계와 삶의 목표를 메마르게 만들었다. 원장은 매일같이 무조건 성적을 올리라고 모든 강사들을 재촉했다. 이 대표가 담당했던 초등학교 2학년 학생의 한 엄마는 아이의 성적이 내려가자 득달같이 달려와 이 대표와 책임자를 야단쳤다. 이런 뼈저린 경험을 통해 이 대표는 사교육에 대한 회의를 갖게 되었고, 깊은 고민 끝에 서울에서 친척이 운영하는 출판사로 이직을 하게 되었다. 이후로 이 대표의 꿈은 어느 시골의 대안학교로 내려가서 교사가 되는 것으로 목표를 바꾸게 되었다.

이 대표가 친척분이 운영하는 출판사에 들어간 것은 하나님의 은혜라고밖에 달리 설명할 수 없는 기묘한 사연이 있다. 그는 입시학원을 도망치다시피 나오게 되어 무조건 어디론가 피하고 싶은 심정이었다. 이 대표는 그 출판사에서 아르바이트로부터 시작해서 청소, 배송, 편집 등 무슨 일이든지 하였고, 상사뿐만 아니라 나이 어린 직원에게도 가리지 않고 업무를 배우고 또 배웠다. 그 출판사는 경영학 분야의 전문출판사로서 대학과 학원에 주로 납품하는 이익률이 꽤 높은 출판사였다.

이 대표가 출판사에 다닌 지 3~4년쯤 지났을 무렵, 우연한 기회에 기독경영연구원을 알게 되었다. 당시 여러 이유로 인해 직장인과 출판사 직원으로서 고민이 깊어지는 시기였다. 경영, 돈, 정의, 사장과 직원, 저자와 출판사, 출판사와 하청업체와 같은 근본적인 문제들에 대한 정체성이 해결되지 않았다. 그러던 차에 기독경영연구원을 알게 되었고 기독경영아카데미 12기를 수료하게 되었다. 무엇보다도 열정이 가득한 교수님들의 모습에 매료되었고, 비슷한 문제로 고민하는 동기들과 공감하면서 강의 시간마다 더 열심히 살아야겠다고 스스로 다짐하게 되었다.

이 대표는 '배운다는 것은 무서운 것이다' 라는 말을 절감하게 되었다. 그에게는 배움을 통해 더 혼란스러운 시간이 많아졌다. 급기야 지긋지긋한 고민을 털어내고 대안학교에 들어가고자 문을 두드렸다. 마침내 기독교 대안학교의 창업 멤버로서 행정직에 아주 가까이 다가갈 수 있었다. 그러나 학교의 사정과 이런저런 이유로 인해 마지막 단계에서 어긋나버렸다. 다만, 출판업 관련 일은 무조건 그만두어야겠다고 생각하고 있었다.

그러던 어느 날 그동안 알고 지내던 한 유명 학원 강사분이 갑자기 찾아와서 출판사를 함께 운영해 보자고 제안했다. 이 대표는 그동안 가졌던 출판업에 대한 회의적인 생각이 많아 여러 번 고사했다. 더구나 그 당시 동업할 만한 자금도 준비되어 있지 않았다.

하지만 그분은 이 대표에게 동업을 집요하게 요구했다. 당시 그분과 계약관계에 있던 출판사의 불투명성과 소통의 부재, 도서의 품질문제 등으로 인해 많이 고민하고 있었다. 업계 여러 곳에서 탐문해본 결과, 이 대표에게 출판사의 운영을 맡기는 게 최상이라고 결론짓게 되었다고 했다.

"제 사정을 들어보시더니 자금 문제는 전혀 걱정하지 말라고 하시더군요. 저는 거의 자금을 들이지 않고도 창업자금을 제공받고, 주식도 상당 부분 증여 받다시피 하여 대주주로서 어렵지 않게 창업할 수 있었습니다.

그래도 출판사의 운영은 쉬운 일이 아니었습니다. 다행히 그 전 출판사에서의 경험이 많은 도움이 되었습니다. 출판과 그에 관련된 잡다한 업무를 성실하게 배운 것이 그렇게나 도움이 될 줄은 꿈에도 생각하지 못했습니다.

또한 그동안 업계에서 안면이 있던 여러 강사분들이 많이 지지해 주셨습니다. 하나님께서 저에게 참으로 많은 복을 부어 주심을 실감했습니다.

많은 어려움들이 있었지만, 그동안 터득한 노하우로 좋은 품질의 책을 출간할 수 있었습니다. 당시엔 직원이 겨우 한 명이었는데도 말입니다."

이 대표는 출판사의 상호를 '지혜의샘'으로 명명했다. 그런데 3~4년이 지난 어느 날 갑자기 한 기업으로부터 자기들이 먼저 특허청에 상표를 등록해 놓았으니 상호를 양보하라는 내용증명이 날아왔다. 이 대표는 먼저 사용해 왔으니 그냥 쓰겠다고 고수했다. 그래서 서로 같은 이름을 쓰기로 합의를 보았다.

그러나 결국은 불편해서 상호를 바꾸게 되었다. 출판사 이름이 같다 보니 주문에 혼선이 오는 등의 문제가 자주 생겼기 때문이다. 많은 고민 끝에 '샘앤북스'로 상호를 바꾸었다. '샘'처럼 작게 시작하였지만, 이제는 연 8만에서 10만 여권을 취급하는 '강'이 된 것이다. 그리고 단행본 브랜드 '맑은나루'도 런칭하였는데, 수익에 관계없이 사람들을 맑은 데로 데려오자는 뜻이다.

[맑은나루 단행본]

'지혜의샘'의 세 가지 철학

보통 10명 미만의 출판사에서는 편집자와 디자이너를 따로 두지 않는다. 편집이 끝나면 표지 디자인도 함께 작업한다. 요즘에는 대부분의 출판사가 다양한 노하우로 표지 디자인에 신경을 많이 쓰지만, 지혜의샘 창업 당시엔 경영학 교재라면 대부분의 틀이 비슷했다.

그러나 이 대표는 표지나 본문 디자인에 차별성을 두고 싶었다. 그래서 외부의 전문 디자이너에게 표지 디자인을 맡겨서 처리하였다. 규모가 조금 커지자 전문 디자이너를 따로 채용하여 표지와 내부 디자인을 연구하게 하였다.

그와 동시에 인쇄와 제본의 품질을 고르게 유지하기 위해 수없이 점검하고 연구를 거듭했다. 그 결과 대부분의 저자들이 아주 만족스러워 했다.

이 대표는 당시 지혜의샘 출판사를 운영하면서 세 가지 경영철학을 세웠다.

1) 지혜의샘은 맑고 정직합니다.

모든 경영은 투명해야 한다. 그래서 창업 5년여 동안은 경리직원을 따로 두지 않았다. 직원은 누구나 회계프로그램에 직접 접속해서 명세서 등 경비 내용을 그대로 기입하면 된다. 모든 거래는 은행계좌로 통일하고, 단 한 권의 책이라도 매출계산서를 누락할 수 없도록 제도화했다. 물론 지금은 경리직원이 담당하고 있다. 하나님의 은혜로 매출이 계속 늘어나서 경리담당 전문직원이 필요하게 되었기 때문이다.

2) 지혜의샘은 열매를 맺습니다.

지혜의샘 출판사의 책들은 주로 경영학 교재였는데 회계학이 많았고, 재무관리나 경영학 교재 등 정확을 요하는 철자와 수치가 많았다. 공인회계사나 세무사 준비 교재로도 많이 사용되었다.

그래서 이 대표는 우선 편집자들과 함께 많은 연구를 거듭했다. 편집내용이 학습자의 입장에서 가장 자연스러워야 했기 때문이다. 그리고 전문 교정자를 두어 오류를 최소화했다.

또한 가격이 비싸더라도 최상의 인쇄용지를 선정했다. 단가가 높더라도 불투명도가 높고 반사도가 적은 용지가 필요했다. 심지어는 인쇄잉크도 새로 개발했다. 작은 글씨라도 선명하게 보이는 잉크를 주문제작하여 인쇄소에 넘겼다. 인쇄와 제본도 수시로 감리했다.

이러한 개선사항들을 다 조합해도 하청업체의 환경상 만족스럽지 못할 때가 있지만, 늘 연구해서 우리 출판사의 책을 접하는 사람들에게 실제적인 열매가 맺히길 바라는 간절함이 있었다.

3) 지혜의샘은 만족을 줍니다.

지혜의샘 출판사와 인연을 맺고 있는 사람들은 모두 만족할 수 있었으면 하는 바람이 있었다. 저자와 독자, 직원과 거래처 서점 및 하청업체 모두가 만족할 만한 운영이 되기를 바랐다.

일차적으로는 저자에게 좋은 품질과 디자인, 그리고 최고의 대우를 통해 만족을 주는 것이다. 출판업은 부가가치가 꽤 높은 사업이다. 출판된 책이 예상보다 덜 팔리면 이익이 적거나 적자이지만, 많이 나가면 나갈수록 수익이 일정 비율을 넘어 가파르게 증가하는 게 제조업의 특징이다. 그래서 이익이 더 나면 계약서에 명시한 것 이상으로 대우해 주었다.

그 다음으로 수고한 직원들을 잘 챙겨야 한다. 결국 사람이 일하기 때문에 책상과 의자, 컴퓨터 등 집기류가 체형에 맞는지 본인이 직접 선택해서 구비하도록 했다. 물론 모든 비용은 회사가 부담한다. 기본급은 타 경쟁사와 비슷하거나 약간 높은 편이지만, 야근과 특근 시에 수당지급은 당연하고, 인센티브도 연2회 제공한다. 또한 수시로 격려금이나 상품권을 지급하여 사기를 진작시킨다. 그러다 보니 때로는 직원의 급여가 이 대표보다 많은 경우도 종종 있다.

거래처 서점과는 공생하려는 자세를 가졌다. 공평하게 공급하고 갑질을 하지 않았다. 하청업체도 마찬가지이다. 하청업체로는 종이업체, 출력소, 인쇄소, 코팅 및 후가공업체, 제본소 등이 있는데, 청구서를 꼼꼼히 체크하되 박하지 않게, 그리고 1원까지도 매월 10일 이내로 결제하여 하청업체 입장에서 미수금 제로의 원칙을 고수해 왔다. 취재하던 기독공보의 김혜미 기자가 이 이야기를 듣고는 깜짝 놀랄 정도였다고 한다.

직원은 최고의 자산이다

출판사의 직원은 그때그때 필요에 따라서 채용하지만, 이직률이 낮아서 자주 채용하지 않고 있다. 현재 이 대표를 포함해 8명의 직원이 근무 중인데, 총괄 직원 1명, 편집 2명, 표지 디자이너 1명, 도서관리 1명, 회계 및 교정 담당 1명, 교정과 도서관리 보조로 1명을 두고 있다. 아르바이트생도 수시로 채용하는데 휴학생에게 경제적인 도움을 주기 위해 의도적으로 채용한 면도 있다.

디자이너를 제외하고는 모든 직원이 어떤 업무도 할 수 있는 자세를 갖고 있다. 업무지침을 보면 본인의 전문 영역을 60%로 하고, 타 직원 업무의 도움을 20%, 자기개발을 20%로 유지하도록 권면하고 있다. 그래서 늘 타 직원의 업무도 공유하고 협조하는 자세를 유지하고 있다.

직원을 선발하는 기준의 첫째는 자세이다. 같은 수준이라면 사정이 더 절박한 직원을 선발하는데 뭐든 배우려는 자세를 지닌 직원을 우선적으로 뽑는다. 둘째는 전문성이다. 경력자를 선발하려면 당연히 그 연차에 맞는 전문성을 지니고 있는지 판단한다. 셋째는 직원들과의 화합성이다. 잘 융합될 수 있는 성격인지 살펴본다. 그렇지만, 가장 중요한 것은 직원들의 의견이다. 이 대표가 사무실 중앙에서 면접을 보는 동안 직원들이 각자 자리에서 근무하면서 참관한다. 그런 후에 모든 직원들의 의견을 청취해 최종으로 채용을 결정한다.

직원이 선발되면 초기엔 수시로 면담하고 필요한 사항들을 지원해 준다. 면접 때도 입사자로서의 문의사항을 충분히 청취하지만, 입사하고 나서 일정 기간 동안 입사 조건을 다시금 되새겨주고 혹 의문이 있다면 해소시켜 준다. 그런 다음에 근로계약서를 꼼꼼히 작성한다.

입사하면서 업무반경을 안내해 주지만, 창고나 그 밖의 거래처를 시간이 허락되는 대로 탐방하게 한다. 필요하면 하청업체들을 방문하여 제조공정을 관찰하게 한다. 그래야 오류 발생시 실제적으로 대처할 수 있다. 보지 않으면 머리에 떠오르지 않기 때문이다.

직원과의 소통은 북토크를 통해 정기적으로 시도하고 있다. 자기계발서나 에세이 중에서 자신이 원하는 책을 고르면 회사에서 구입하여 나눠준다. 매주 목요일마다 자신이 읽은 분량 중에서 느낀 점과 권면할 내용을 서로 나눈다. 그 후에는 그 책을 돌려가면서 읽는다. 즉 8명이 8권의 책을 어느 기간 동안에 읽는 것이다. 어떤 때에는 같은 책을 다 같이 읽고 독후감을 나누기도 한다. 이러한 과정을 통해 동료가 어떤 생각을 갖고 사는지 공유하게 된다.

교육적인 면에서는 직원 스스로 교육을 원하면 역량이 되는대로 지원해준다. 야간에 대학이나 전문 학원을 다니면 학비나 교육비, 도서비 등을 지원해 준다. 물론 모든 경비를 전부 지원할 수는 없지만, 본인의 의지만 있다면 많은 지원을 받을 수 있다.

그리고 기독경영연구원의 프로그램에 참여하길 독려한다. 대부분의 직원들은 기독경영아카데미를 이미 수료하였다. 회사의 철학을 이해하는 측면과 경영학 출판사로서의 자질을 구비하기 위해서라도 꼭 수강해야 한다고 권면하는데, 야간에 공부하는 직원들을 제외하고는 대부분이 수료하거나 수료할 준비를 하고 있다.

샘앤북스의 차별화된 운영은 직원교육 지침서에 잘 나타나 있다. 샘앤북스의 운영철학은 저자, 독자, 출판사 모두가 만족할 수 있는 품질의 책을 만들고, 출판사는 거래서점 및 하청업체와 함께 공생하도록 노력하는 것이다. 샘앤북스의 업무지침 철학은 전문적인 책임의 고유영역 60%, 타 직원의 업무협조가 20%, 그리고 자기개발, 즉 업무영역의 확대와 향상을 위한 교육 및 훈련이 20%이다. 사무실 내 기본 업무 지침은 연차, 지각 관련 사항, 병가, 외출, 휴게시간, 정기청소, 일지기록, 교육 및 훈련 등 구체적이고 실천적인 내용으로 구성되어 있다. 그러나 이 모든 것은 기준일 뿐, 상황에 따라 언제든 조율하고 융통성을 발휘할 수 있다.

큰 조직이 갖는 업무의 체계성과 함께 작은 조직이 갖는 최대의 강점, 곧 빠른 의사결정과 융통성으로 샘앤북스는 지속적으로 성장하고 있다.

그럼에도 늘 사람이 문제

이 대표는 사업 초기에 사업상 어려움이 많았다. 금전적인 부분은 전혀 없었지만, 애초에 친척분이 운영하는 출판사에서 독립하여 엇비슷한 창업을 하다 보니, 동기가 불순해 보이는 오해를 많이 겪었다. 처음부터 창업을 염두하고 기존 회사를 이용했다는 오해였다. 이 문제는 아직도 완전히 해결되지 않았다.

그리고 몇 번의 법적인 다툼이 있었다. 제3의 경쟁사와 저작권 문제로 치열하게 법적 다툼을 했고, 또 다른 경쟁사가 소송을 걸어와 뜻하지 않게 검사에게 몇 번이나 불려가서 취조를 당하기도 했다. 물론 전부 무혐의로 끝났지만 신생 출판사가 잘 나가다보니 견제하는 곳이 많았다.

어떤 경우엔 이 대표와 직접적인 관계가 아닌 곳에서도 재판에 증인으로 나서야 할 때도 있었다. 그냥 외면해도 되는 거였지만, 기도하면 할수록 사람을 도와야 한다는 답변을 들었다. 난생 처음으로 재판에 나가 증인을 서게 되었지만, 되려 그분을 위로하고 격려하면서 우정이 더욱 깊어지는 계기가 되었다.

이 대표가 가장 힘들었던 일은 한 직원이 입사하고 나서부터였다. 아주 마음씨가 좋고, 용모도 단정할 뿐만 아니라 자신감도 있어서 영업 및 관리직으로 채용했다. 그러나 눈에 보이는 곳에서는 열심히 일하고, 이 대표나 주요 고객 저자들에게는 예의를 잘 갖추었지만, 시간이 지날수록 이상한 조짐이 보였다. 자신보다 낮은 직위의 여직원에게는 하대하고, 거래처 서점들에겐 그간의 회사철학을 무너뜨리는 갑질마저 저질렀다.

이런 결과로 인해서 한 직원이 퇴사하기에 이르렀고, 오랫동안 좋은 관계를 유지하던 거래처 사장님들의 고충도 들어야 했다. 그때마다 잘 타이르기도 하고 시말서도 받았지만, 나중에는 이 대표까지 무시하게 되어 결국 퇴사를 시킬 수밖에 없었다.

그런데 문제의 직원을 퇴사시키는 일이 쉽지 않았다. 회사에 계속 남겠다는 생각을 고수했기 때문이라 노무사의 중재도 뿌리치고 거절했다. 그러다 보니 이 대표는 몇 주 동안이나 밤잠을 설칠 지경이었다. 주요 저자들에게도 이 대표를 폄하하는 내용을 퍼뜨렸다. 그러나 노동부는 일반적으로 근로

자 편이라는 것을 알았고, 피해는 많았지만 가시적으로 드러나는 증거가 거의 없는 데다가 나중에는 증언해주겠다는 거래처에서도 두려움이 생겨서 그런지 선뜻 나서지를 못했다.

이 대표는 용기를 내어 출판사 근처 카페에서 그를 다시 불러냈다. 그리고 진정으로 마음을 열고 그를 마주했다. 서운한 마음을 토로하다 보니, 결국 그 자신도 잘못을 인정하고 뉘우치게 되어 퇴직에 대한 합의를 이룰 수 있었다. 서로 잘 되기를 바라며 악수로 인연을 마감하게 되면서, 모두가 부족한 인간의 하나임을 인정하는 시간이 되었다.

사회와 함께하는 샘앤북스

이 대표는 사업을 11년째 운영하면서 직원을 꾸준히 늘려왔다. 고용의 창출도 기업의 소중한 의무 중 하나이고, 또한 직원들의 생활의 질도 매우 중요하게 생각하고 있다. 동시에 회사의 매출이 증가하면서 여러 방면에서 사회적으로 기여하려고 노력해왔다.

첫째는 '아름다운배움'에 대한 후원이다. '아름다운배움'이란 단체는 교육사업단체로서 지방의 시골 중고등학교 학생들과 지역 대학생들을 멘토와 멘티로 연결하여 서로 교류하는 봉사단체이다.

실례로 전남 고흥의 중학교에서 방학 캠프를 개최했을 때 부모님들이 바쁜 데다가 학생들의 학업 성취도도 낮고, 진로에 대한 비전도 없는 경우가 많았다. '아름다운배움'의 간사들이 순천과 여수를 돌면서 대학생들을 섭외한다. 고흥 출신 대학생들이 있으면 더욱 좋은 것은 물론이다. 대학생들을 멘토로 모아서 먼저 교육을 시행한 후, 고흥의 중학생들과 함께 캠프를 같이 진행했다.

이 과정에서 학업도 보충해주고, 영어도 가르치고, 진로에 대한 고민도 함께 나누었다. 대학생들에게는 봉사활동 점수를 얻게 하면서도 자신의 지역 학생들에게 애정을 갖게 되었다. 또한 참여한 학생들에게는 꿈과 비전이 생길 수 있었다. 이런 방식으로 전국 곳곳에 활동하고 있으며, 캄보디아와 베트남 등에도 멘토링 모델을 수출하고 있는 중이다.

이 대표는 획일화된 우리나라 교육 현실에서 아이들의 잠재력을 개발해주는 활동이 많아져야 된다고 강조한다.

"학부모도, 교사도 심지어 학생도 다 같이 입시만이 길이 아니라고 하면서도 결국 입시 하나로 모여요."

오직 입시만이 올바른 길이라고 믿고 공부가 아닌 다른 길은 외면하기 쉽다는 것이다. 그는 진로선택을 고민하는 학생들에게 독립적인 사고로 자기진로를 찾도록 권한다. 세상과는 맞지 않지만, 자기 신념과 맞는다면 투쟁도 필요하다고 강조한다.

현재 샘앤북스는 '아름다운배움'을 후원하는 개인과 기관을 통틀어 가장 많은 후원을 하고 있다. '(주)샘앤북스는 아름다운배움과 함께 청소년의 꿈을 응원하는 나눔기업입니다'라는 문구가 샘앤북스의 모든 책 뒷표지에 새겨져 있다.

둘째는 한밭대학교 회계학과에 장학금을 지원하고 있다. 우연한 기회에 한밭대 교수님과 교제하면서 회계학과에서 공인회계사, 세무사를 공부하는 학생들 중 형편이 어려운 학생들을 위해 선배들이 순금으로 된 졸업 반지를 모으고 있다는 소식을 듣게 되었다. 이 대표는 늘 업종과 관련하여 도움을 주고 싶다는 생각을 하고 있었기에 흔쾌히 돕고 싶다고 하여 시작되었다. 1000만원의 장학금을 약정하였으며, 이와 별도로 학습에 필요한 도서를 지원하고 있다. 이 내용은 한밭대학교 장학금조성에 관한 미담기사로 소개되었다. 기사에서 이낙규 대표는 "지방에서 공부하지만 성공하는 학생들이 많았으면 하는 마음으로 동참했다. 수혜 학생들이 성공하든 못하든 훗날 다시 후배 사랑을 실천하길 바란다"고 밝혔다.

셋째는 소액이지만 필요에 따라 지원해주는 대상기관이 있다. 연탄은행에 소액을 정기후원하고 있으며, 성남시의 일용직 노동자를 위한 밥상공동체 '사랑마루' 회지를 비정기적으로 제작후원하였고, 난민과 사회약자를 돕는 공익법센터인 '어필'의 연간보고서 제작을 일시적으로 도와주었다. 그밖에 기독교세계관을 공유하는 정신적인 모태인 기독경영연구원을 지속적으로 후원하고 있다.

직원들에게 직접적으로 복음을 전하거나 도전한 적은 없지만, 전 직원들이 기독교에 친화적인 태도를 지니고 있다. 기독경영아카데미를 대부분 수료했고 또한 가정이 힘들 때나 개인적인 위기가 왔을 때 기도해주곤 한다. 부득이 퇴사하는 직원들은 격려와 위로를 담아 기도해주고 보내곤 하는

데, 그 이후의 삶은 알 수 없지만 하나님을 알아갈 기회가 있기를 기도하고 있다.

이 대표 개인적으로도 다문화사역 단체인 '(사)한베문화교류센터'에서 상임이사로 섬기고 있고, 선교단체와 고아원, 그리고 공공성에 기초한 여러 NGO단체 등 20여 곳의 사람 또는 기관을 지속적으로 후원하고 있다.

모두가 풍성해지는 출판사

이 대표가 가장 좋아하는 성경구절은 요한복음 10장 10절이다.

> "도둑이 오는 것은 도둑질하고 죽이고 멸망시키려는 것뿐이지만, 내가 온 것은 양들이 생명을 얻고, 더 풍성히 얻도록 하기 위함이라."

자본주의 시대에 대부분의 생존원리는 남의 것을 빼앗아서 자신의 욕망을 채우는 무서운 습성이다. 그러나 그는 예수님을 알면 모두가 만족하면서도 잘 살 수 있다고 생각한다.

이 대표는 출판인으로서 가장 필요한 훈련은 현장에서 배우려는 자세라고 믿는다. 즉 직원과 거래처와 저자를 만나고, 인쇄소를 찾아가서 만나고, 제본소를 찾아가서 만나면서 늘 배워야 한다는 것이다. 인쇄박람회가 열리면 참관하고, 수시로 서점에 나가서 최신의 트렌드를 연구하고, 다음 세대들이 접하는 유형의 책들을 보면서 미래를 연구해야 한다고 조언한다.

이 대표는 '생산물은 잘 만들려고 하면서 사람은 헌신짝 취급하는 경우가 의외로 많다'고 안타까워한다. '무엇을 출간할 것인가'보다 중요한 것은 '어떤 철학을 갖고 어떤 과정을 거쳐 출간할 것인가' 하는 것이다.

이 대표는 '맑은나루'라는 단행본 브랜드를 통해 회계·경영 분야 외의 도서들도 출간 중이다. '크리스천 CEO의 고민에 답하다', '경영, 신앙에 길을 묻다', '별, 순례의 길을 가다' 등에 이어 고 배형규 목사가 생전에 남긴 연구 기록을 토대로 '우리의 삶과 함께하는 기독교 강요'를 출간하기도 했다.

앞으로의 출판시대는 다품종 소량생산의 시대이다. 물론 그중에서 베스트셀러의 굵직한 책들이 나와 주면 좋겠지만, 1권이 5,000부 팔리는 시대가 지나고 5종의 책들이 합해서 5,000부 팔리면 선방하는 시대가 되었다. 이 대표는 직원들에게 늘 이러한 출판업의 미래에 대비해야 한다고 강조한다.

"사람들의 필요에 맞게 공산품의 종류가 쏟아져 나오는 것과 같이, 수험생과 대학교재 분야에서도 작은 틈새를 메워주는 책들이 쏟아져 나오고 있는 추세이기에, 늘 마음의 준비를 해놓고 있어야 한다는 것이죠. 대학교재의 하락세는 계속될 것입니다. 학교 수업에 있어서 교재의 의존도가 줄고, 교수 방법에 따라 다른 매체들이 다양하게 활용되고 있기 때문입니다. 학생정원도 꾸준히 줄고 있고요. 전통적인 교과서 시장이 줄어드는 것은 당연한 결과입니다. 다만, 실용서적인 수험서 시장은 여전히 견고할 것이므로, 현재 공인회계사, 세무사 수험서 출간의 노하우를 살려서 7급과 9급 세무공무원 수험서적의 출간을 단기적인 목표로 하고 있습니다."

이처럼 거시적인 안목과 미시적인 안목의 균형을 통해 늘 성장하도록 노력하고 있다.

▌이 책의 참고문헌 ▌

- 고양신문, "경제적 가격으로 만나는 유럽형 프리미엄 침구 '헬렌스타인'," 2017. 7. 3.
- 뉴스앤조이, "기독교 냄새 안 나는 '기독교 기업'청년", '여성' 품는 리디아알앤씨 임미숙 대표, 2018년 8월6일자.
- 사례뉴스, "남편이 부러워하는 아내의 직장", 리디아알앤씨, 2018.1.29.
- 중앙일보, "경기도 유망중소기업, (주)리디아알앤씨," 2018. 3. 18.
- 박철, 배종태, 류지성, 정연승, 송용원, 굿비즈니스플러스, 샘앤북스, 2018.
- 인천일보, "경기도, ㈜리디아알앤씨 등 가족친화기업 · 기관 46곳 선정," 2015. 11.25.
- 한정회 외, 비즈니스미션, 맑은나루, 2018.
- Lydia R&C 홈페이지, http://www.lydiarnc.co.kr
- 국민일보(2017.9.20. 일자) http://news.kmib.co.kr/article/view.asp?arcid=0923819007&code=23111650&cp=nv.
- 배종석, 박철, 황호찬, 한정화 (2010) 기독경영 JusT ABC, 예영커뮤니케이션.
- CTS뉴스(2018.5.1. 일자) http://www.cts.tv/news/view?ncate=THMNWS01&dpid=233630
- 한국경제신문(2014.12.4. 일자) https://www.hankyung.com/economy/article/2014120491891
- 서울경제신문(2005.11.07. 일자) https://news.naver.com/main/read.nhn?mode=LSD&mid=sec&sid1=101&oid=011&aid=0000106133
- 한국기독공보(2013년 12월 20일자, 출판사탐방22 지혜의샘), http://www.pckworld.com/article.php?aid=6263939071
- news1(2019년 5월 9일자, 한발대 장학증서 수여식 개회)https://www.news1.kr/articles/?3617429

- 세진테크주식회사 소개자료
- 관련 신문자료
- 회사 홈페이지
- 회사 관련 보고서

굿 비즈니스 현장 스토리

초판 1쇄 발행 2020년 6월 29일

글쓴이 · 한정화 외 공저
발행인 · **이낙규**
발행처 · ㈜**샘앤북스**
신고 제2013-000086호
서울시 영등포구 양평로 22길 16, 201호
Tel. 02-323-6763 / Fax. 02-323-6764
E-mail. wisdom6763@hanmail.net
ISBN 979-11-5626-275-6 03320

이 도서의 국립중앙도서관 출판예정도서목록(CIP)은 서지정보유통지원시스템 홈페이지(http://seoji.nl.go.kr)와 국가자료공동목록시스템(http://www.nl.go.kr/kolisnet)에서 이용하실 수 있습니다.
(CIP제어번호: CIP2020025561)